AUSGEFALLENE Hühnchen-GERICHTE

KÖNEMANN

Auswahl des Geflügels

Hühnchengerichte sind so vielseitig und preiswert, daß sie auf der ganzen Welt besonders beliebt sind. Geflügel ist ein ergiebiger Eiweißlieferant. Es enthält Mineralien wie Kalium und Phosphor, und ohne die Haut ist es relativ fettarm.

Einkauf

Frisch oder tiefgekühlt

Wenn Sie frisches Geflügelfleisch kaufen, nehmen Sie es aus der Verpackung und bewahren Sie es in Frischhaltefolie oder in einem Gefrierbeutel auf einem Teller auf, um eventuell abtropfende Flüssigkeit aufzufangen. Wenn Sie das Fleisch nicht gleich verarbeiten, stellen Sie es in den Kühlschrank. Es sollte dort jedoch nicht über bereits gekochtes Essen gestellt werden. Es ist wichtig, Geflügelfleisch immer gut gekühlt zu halten, das gilt auch für den Heimweg vom Einkaufen. Sie können es bis zu 3 Monaten tiefkühlen, indem Sie es luftdicht in einen Gefrierbeutel verpacken (auf dem Beutel das Einfrierdatum notieren). Beim Auftauen sollten Sie sehr sorgfältig vorgehen, weil Bakterien wie z. B. Salmonellen aktiviert werden können, wenn es zu warm wird. Tauen Sie das Fleisch im Kühlschrank und nicht unter fließendem Wasser oder bei Zimmertemperatur auf. In der Mikrowelle sollten Sie nur einzelne Teile des gefrorenen Huhns auftauen, da ganze Hühnchen ungleichmäßig auftauen. Legen Sie dabei die Teile so, daß der größere Teil nach außen zeigt.

1 Fleisch zum Auftauen in die Mikrowelle legen

Hühner aus Bodenhaltung

Freilaufende Hühner erkennt man an dem Vermerk ihres Herkunftsortes und der Angabe auf dem Etikett, daß sie artgerecht gehalten wurden. Ihr Fleisch ist sowohl im Geschmack als auch in der Konsistenz besser als das von Hühnern aus Massenhaltung.

Geflügelteile

Ganze Hühner

Traditionell werden Hühner zwar gebraten oder gebacken, sie schmecken aber auch sehr gut, wenn sie gedünstet, gegrillt, am Spieß gebraten oder gefüllt werden.

Entfernen Sie vor dem Braten gegebenenfalls die Innereien und den Hals (beides wird manchmal in einem Plastikbeutel im Innern des Huhns aufbewahrt). Entfernen Sie überschüssiges Fett, spülen Sie das Innere des Huhns aus und tupfen Sie es danach mit Küchenpapier trocken. Binden Sie die Beine zusammen und stecken Sie die Flügel hinter den Körper.

Im Innern des Huhns können sich Bakterien bilden, daher sollte es, falls es gefüllt wird, sofort weiterverarbeitet werden. Achten Sie darauf, daß es ganz durchgegart ist. Die Füllung kann auch direkt unter die Geflügelhaut gestrichen werden.

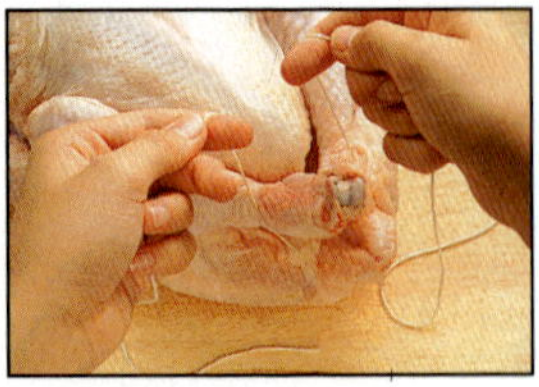

2 Zusammenbinden der Beine beim ganzen Huhn

Garen Sie das Huhn im Ofen bei 200 °C 40–45 Minuten pro Kilogramm. Als Garprobe stecken Sie einen Spieß in den breitesten Teil des Schenkels: Tritt klare Flüssigkeit aus, ist das Huhn gar. Sollte die Flüssigkeit noch hellrot sein, lassen Sie das Huhn weitere

3 Füllung unter die Haut streichen

10 Minuten im Ofen und wiederholen Sie danach die Garprobe. Lassen Sie das Huhn vor dem Tranchieren 10 Minuten in Frischhaltefolie ruhen, damit sich die Flüssigkeit setzen kann.

Hähnchenbrust
Zum Hähnchenbrustfilet gehört die Filetspitze, die man auch einzeln kaufen kann. Das Brustfleisch ist das hellste Fleisch und die größte Fleischportion vom Huhn. Hähnchen-

4 Garprobe mit einem Spieß

brust kann gebraten, gedämpft, fritiert und gegrillt werden. Man kann sie auch füllen oder umhüllen. Hähnchenbrustfleisch darf nicht zu lange gegart werden, da es sonst austrocknet.

Hühnerkeulen und -schenkel
Hühnerbeine mit dem gesamten Schenkelfleisch lassen sich gut backen, grillen, panieren oder fritieren. Es dauert eine Weile, bis sie gar sind, und man muß erst mit dem Spieß testen, ob klare Flüssigkeit austritt. Um sicherzugehen, daß alles gar wird, sollte jedes Hühnerfleisch mit Knochen vor dem Garen eingeschnitten werden.

Hähnchenschenkel, Kotelett und Filet vom Schenkel
Schenkelfleisch ist dunkler und saftiger als Brustfleisch. Es eignet sich für Currys, Eintöpfe, Kebabs und Spieße. Koteletts enthalten den Schenkelknochen und Haut, während Filet vom Schenkel erst von Haut und Knochen befreit werden muß. Zum Schenkel gehört ein Teil des Rückgrats.

Hähnchenkeulen
Hähnchenkeulen eignen sich besonders als Partyhäppchen und zum Grillen. Auch Kinder mögen sie gern, und man kann sie kalt als kleine Snacks oder zum Picknick mitnehmen. Es gibt Hähnchenkeulen auch ohne Haut und Knöchel.

Flügel
Flügel kann man marinieren und rösten, grillen oder backen. Sie sind bestens für kleine Snacks geeignet, die man auch

5 Einschneiden von Keulen und Schenkeln

ohne Besteck essen kann. Außerdem läßt sich daraus schnell und einfach Hühnerbrühe zubereiten.

Geflügelhack
In der Küchenmaschine zerkleinertes Geflügelfleisch kann anstelle von Rinder-, Schweine- oder Lammhackfleisch verwendet werden. Probieren Sie einmal Fleischklopse, Lasagne, Pasteten oder Kebabs mit gehacktem Hühnerfleisch.

Geflügelleber
Geflügelleber enthält viel Eisen. Sie schmeckt hervorragend als Pastete oder geröstet auf Salat. Vor der Zubereitung entfernen Sie grünliche Stellen und säubern Sie die Leber gründlich.

Hühnchenrezepte

Hühnchen ist äußerst vielseitig – sei es als preiswerte Familienmahlzeit oder als schnell zubereitetes Gericht für zwei.

Cäsar-Salat

Zubereitungszeit:
20 Min.
Garzeit:
20 Min.
Für 3–4 Personen

Dressing
5–6 EL Olivenöl
1–2 Knoblauchzehen, zerdrückt
2 EL Zitronensaft
6 Sardellen, gehackt
1 Eigelb
3 EL Sahne

1/2 altbackene Baguettestange
Öl, zum Fritieren
3 Hähnchenbrustfilets
1 EL Dijon-Senf
gemahlener schwarzer Pfeffer, nach Geschmack
1 Römersalat, zerkleinert
25 g Parmesanspäne

1. Für das Dressing alle Zutaten in ein Schraubglas geben und gut schütteln. Kalt stellen.
2. Das Brot in 1,5 cm breite Würfel schneiden und portionsweise goldgelb fritieren. Auf Küchenpapier abtropfen lassen, um überschüssiges Öl zu entfernen.
3. Den Backofengrill vorheizen. Das Fleisch von Fett und Sehnen befreien. Filets mit Senf bestreichen und etwas schwarzen Pfeffer darüber streuen. Von beiden Seiten 4–6 Minuten rösten. Abgedeckt stehen lassen und den Salat zubereiten.
4. Salat mit dem Dressing und den Croûtons mischen und in eine große flache Schale geben. Die Hähnchenbrust in 6–8 Scheiben schneiden und auf dem Salat anrichten. Mit den Parmesanspänen bestreuen und heiß servieren.

NÄHRWERT PRO PORTION:
Eiweiß 35 g; Fett 45 g; Kohlenhydrate 25 g; Cholesterin 130 mg; 2610 kJ (625 kcal)

Cäsar-Salat

Brathähnchen mit Zitronenfüllung

Zubereitungszeit: 15 Min.
Backzeit: 1 Std. 45 Min.
Für 4 Personen

1 ganzes Hähnchen (1,5 kg)
2 Zitronen, grobgehackt
4 Frühlingszwiebeln, gehackt
2 EL frisch gehackter Thymian
2 Knoblauchzehen, zerdrückt
Pfeffer, nach Geschmack
1 EL Olivenöl
6 Zweige frischer Thymian
4 dünne Scheiben Prosciutto

1. Backofen auf 180 °C vorheizen. Überschüssiges Fett vom Huhn abschneiden, das Innere ausspülen und mit Küchenpapier trockentupfen.
2. Zitronen in eine Schale geben, Frühlingszwiebeln, gehackten Thymian, Knoblauch und etwas Pfeffer zugeben und gut mischen. Das Hähnchen mit der Mischung füllen.
3. Die Flügel hinter den Körper des Hähnchens klemmen und die Beine mit einem Band zusammenbinden. In eine feuerfeste Form geben, mit Öl bestreichen und Thymian darauf legen. Mit Prosciuttoscheiben bedecken.
4. Hähnchen mit Alufolie abdecken und 1½ Stunden backen. Die Alufolie abnehmen und weitere 15 Minuten backen. Vor dem Tranchieren 15 Minuten an einem warmen Ort ruhen lassen. Vor dem Servieren die Füllung entfernen.

NÄHRWERT PRO PORTION:
Eiweiß 65 g; Fett 45 g; Kohlenhydrate 4,5 g; Cholesterin 215 mg; 2820 kJ (675 kcal)

Geschnetzeltes mit Sesam und Porree

Zubereitungszeit: 15 Min.
Garzeit: 15 Min.
Für 4–6 Personen

2 EL Sesamkörner
800 g Hähnchenbrustfilet, in schräge Streifen geschnitten
1 EL Öl
2 TL Sesamöl
1 Porreestange, nur der helle untere Teil, sehr fein geschnitten
2 Knoblauchzehen, zerdrückt
2 EL Sojasauce
1 EL Mirin (japanischer Reiswein) oder trockener Sherry
1 TL Zucker
Salz und Pfeffer, nach Geschmack

1. Einen Wok auf höchste Stufe erhitzen, die Sesamkörner hineingeben und ohne Fett goldbraun rösten. Sesamkörner herausnehmen.
2. Das Fleisch von Fett und Sehnen befreien. Den Wok erneut erhitzen, beide Ölsorten hineingeben. Den Wok schwenken, damit auch die Seiten mit Öl bedeckt sind. Die Filetstücke in 3 Portionen bei starker Hitze unter ständigem Rühren anbraten. (Den Wok vor jeder Portion erneut erhitzen.)
3. Das gesamte Fleisch in den Wok geben, Porree und Knoblauch zugeben und 2–3 Minuten braten, bis der Porree weich und goldgelb ist. Sollte das Fleisch noch nicht gar sein, den Wok abdecken und bei geringer Hitze 2 Minuten gar kochen.
4. Sojasauce, Mirin oder Sherry, Zucker und geröstete Sesamkörner zugeben und gut verrühren. Mit Salz und frisch gemahlenem schwarzem Pfeffer würzen und sofort servieren.

NÄHRWERT PRO PORTION:
Eiweiß 35 g; Fett 35 g; Kohlenhydrate 8 g; Cholesterin 160 mg; 2211 kJ (530 kcal)

Brathähnchen mit Zitronenfüllung (oben) und Geschnetzeltes mit Sesam und Porree

Asiatische Hühnersuppe

Zubereitungszeit: 25 Min.
Garzeit: 20 Min.
Für 4 Personen

1 EL Öl
2–3 EL Sojapaste
2 Dosen Kokosmilch à 270 ml
750 ml Hühnerbrühe
600 g Filet vom Schenkel, in mundgerechte Stücke geschnitten
250 g getrocknete Reisnudeln
8 fritierte Tofustücke, schräg halbiert
125 g Bohnensprossen
1 Salatgurke, in kurze dünne Streifen geschnitten
100 g fester Tofu, in 8 Stücke geschnitten
4 TL küchenfertige Chilisauce
5 g frische Minzeblätter
Limettenspalten

1. Das Öl im Wok oder einer gußeisernen Pfanne erhitzen. Die Paste bei mittlerer Hitze 2–3 Minuten erhitzen. Kokosmilch, Brühe und Fleisch zugeben, zum Kochen bringen, dann bei geringer Hitze 15 Minuten köcheln lassen.
2. In einem großen Topf reichlich Wasser zum Kochen bringen. Die Nudeln hineingeben und bißfest kochen. Abgießen und in 4 tiefe Schüsseln geben. Tofustücke und die Hälfte der Sprossen auf die Schüsseln verteilen und Suppe zugeben.
3. Mit restlichen Sprossen, Gurke, Tofu, Chilisauce und Minzeblättern garnieren. Mit Limettenspalten servieren.

Nährwert pro Portion:
Eiweiß 45 g; Fett 45 g; Kohlenhydrate 55 g; Cholesterin 75 mg; 3295 kJ (785 kcal)

Kokoshühnchen

Zubereitungszeit: 10 Min.
Garzeit: 55 Min.
Für 4 Personen

40 g Mehl
Salz und Pfeffer, nach Geschmack
4 Hähnchenbruststücke, mit Haut und Knochen
2 EL Öl
1 Zwiebel, gehackt
1 kleine Chilischote, feingehackt, je nach Geschmack
250 ml Kokoscreme
3 EL Mango-Chutney
1 Prise gemahlene Kurkuma
2 EL frisch gehackter Koriander
3 TL fein geraspelte Limettenschale (s. Hinweis)
2 EL Limettensaft

1. Backofen auf 180 °C vorheizen. Mehl mit Salz und Pfeffer mischen, auf ein Stück Pergamentpapier geben und das Fleisch damit panieren. Überschüssiges Mehl abschütteln. Das Öl in einer großen gußeisernen Bratpfanne erhitzen und das Fleisch darin portionsweise von allen Seiten bräunen. In eine flache feuerfeste Form geben.
2. Zwiebel und Chilischote in die Pfanne geben und bei mittlerer Hitze dünsten. Kokoscreme, Mango-Chutney und soviel Kurkuma zugeben, daß die Sauce hellgelb gefärbt ist. Die Pfanne vom Herd nehmen und vorsichtig Koriander, Limettenschale und -saft einrühren.
3. Die Sauce über das Fleisch gießen. Alles abgedeckt ca. 35 Minuten backen, bis das Fleisch zart ist. Dabei gelegentlich begießen. Mit gedünstetem Reis servieren.

Nährwert pro Portion:
Eiweiß 40 g; Fett 40 g; Kohlenhydrate 15 g; Cholesterin 150 mg; 1885 kJ (450 kcal)

Hinweis: Verwenden Sie einen Gemüseschäler zum Raspeln der Limettenschale oder reiben Sie die Schale mit der feinen Seite einer Käsereibe.

Asiatische Hühnersuppe (oben) und Kokoshühnchen

Teigtaschen mit Hühnchen und Pilzen

Zubereitungszeit: 40 Min.
Kühlzeit: 30 Min.
Back- und Garzeit: 40 Min.
Für 4 Personen

300 g Hähnchenbrustfilet
50 g Butter
1 Zwiebel, feingehackt
1 Knoblauchzehe, gehackt
150 g Pilze, in dünne Scheiben geschnitten
3 TL grüne Pfefferkörner, abgetropft und grobgehackt
3 EL Mehl
125 ml Sahne
125 ml Milch
1 EL frisch gehackte Petersilie
etwas Salz und Pfeffer
6 Platten Filloteig
etwas Olivenöl
6 EL Paniermehl
etwas Salz

1. Das Fleisch von Fett und Sehnen befreien. Die Hälfte der Butter in einer gußeisernen Pfanne zerlassen. Zwiebel, Knoblauch und Fleisch zugeben und 5 Minuten braten. Pilze und Pfefferkörner zugeben, abdecken und 2 Minuten braten.
2. Die restliche Butter zugeben. Wenn sie zerlassen ist, das Mehl zugeben und 2 Minuten verrühren. Die Pfanne vom Herd nehmen und nach und nach Sahne und Milch einrühren. Wieder auf den Herd stellen, Petersilie, Salz und Pfeffer zugeben und unter Rühren zum Kochen bringen. Alles in eine flache Schale geben und 30 Minuten abkühlen lassen.
3. Backofen auf 180 °C vorheizen. Den Teig mit einem feuchten Geschirrtuch abdecken. Jeweils eine Platte entnehmen, mit Olivenöl bestreichen, die nächste Platte darüber legen, mit mehr Öl bestreichen, dann die dritte Platte darüber legen. Vorgang mit den restlichen 3 Teigplatten wiederholen.
4. Beide Teigstapel in der Mitte durchschneiden. ¼ der Füllung in die Mitte jeder Hälfte geben und etwas verstreichen. Den unteren Teil des Teiges nach oben klappen, den oberen Teil des Teiges herunterklappen. Die Seiten nach innen klappen, mit Wasser bestreichen und fest zusammendrücken. Dann die Teigtaschen umgedreht auf ein eingefettetes Backblech legen. Die Oberseite mit etwas Öl bestreichen und zweimal einschneiden. Mit Paniermehl und Salz bestreuen.
5. 25 Minuten goldbraun und knusprig backen.

Nährwert pro Portion:
Eiweiß 25 g; Fett 30 g; Kohlenhydrate 40 g; Cholesterin 115 mg; 2125 kJ (510 kcal)

Teigtaschen mit Hühnchen und Pilzen

1 Jede Teigplatte mit etwas Olivenöl bestreichen.

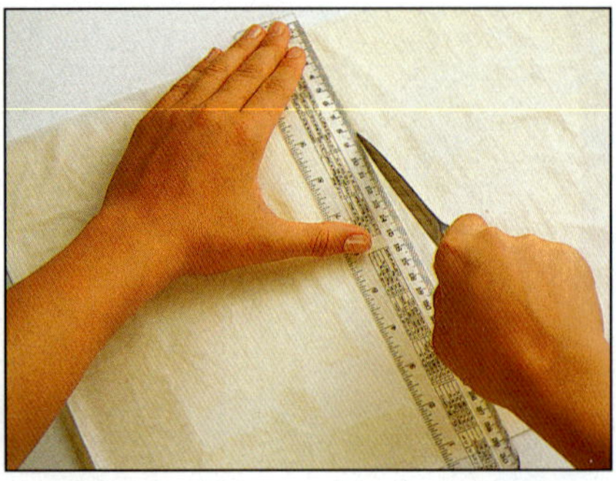

2 Die beiden Teigstapel in der Mitte durchschneiden.

3 Den unteren Teil des Teiges nach oben, den oberen Teil nach unten klappen.

4 Teigtaschen auf ein Backblech legen, mit Olivenöl bestreichen und einschneiden.

Hähnchen-Pie

Zubereitungszeit: 40 Min.
Kühlzeit: 30 Min.
Back- und Garzeit: 50 Min.
Für 6 Personen

90 g kalte Butter, in Stücke geschnitten
60 g Frischkäse, gehackt
250 g Weizenmehl
2 Eier, verquirlt
4 EL Wasser
2 EL Öl
1 Porreestange, gehackt
2 Knoblauchzehen, zerdrückt
2 Möhren, halbiert und in Scheiben geschnitten
1 Selleriestange, gehackt
150 g Tiefkühlerbsen, aufgetaut
450 ml Hühnerbrühe
2 EL Weizenmehl, zusätzlich
300 g saure Sahne
1 großes küchenfertig geröstetes Grillhähnchen, ohne Haut und Knochen, in Streifen geschnitten

1. Backofen auf 200 °C vorheizen. Butter und Frischkäse mit dem Mehl verkneten. Die Hälfte der Eimasse und soviel Wasser zugeben, daß die Mischung zusammenhält. Auf eine mit Mehl bestreute Fläche geben, den Teig zu einer Kugel formen und mit Frischhaltefolie bedecken. 30 Minuten kalt stellen.
2. Das Öl in einer Pfanne erhitzen, Porree und Knoblauch zugeben und unter Rühren 5 Minuten dünsten. Möhren, Sellerie, Erbsen und 125 ml von der Brühe zugeben. 5 Minuten köcheln lassen, bis das Gemüse weich ist. Das zusätzliche Mehl mit der restlichen Brühe mischen und in die Pfanne geben. Unter Rühren zum Kochen bringen, bis die Mischung eindickt. Vom Herd nehmen und die saure Sahne zugeben. Abkühlen lassen und das Hähnchenfleisch zugeben.
3. Den Teig halbieren und eine Hälfte auf einer leicht bemehlten Fläche zu einem Kreis mit 30 cm Durchmesser ausrollen. Auf ein leicht gefettetes Backblech legen. Die abgekühlte Füllung darauf streichen, dabei 2 cm vom Rand aus frei lassen. Den restlichen Teig zu einem Kreis mit 32 cm Durchmesser ausrollen. Den Rand der unteren Teighälfte mit dem restlichen Ei bestreichen, die Füllung mit der 2. Teighälfte bedecken und die Ränder der beiden Teighälften zusammendrücken. Mit Mehl bestreuen und einen kleinen Schlitz in die Oberfläche schneiden.
4. 35–40 Minuten goldbraun backen (mit Backpapier abdecken, falls die Pie zu braun wird).

Nährwert pro Portion:
Eiweiß 55 g; Fett 60 g; Kohlenhydrate 40 g; Cholesterin 265 mg; 3835 kJ (915 kcal)

Aprikosenhühnchen

Zubereitungszeit: 10 Min.
Backzeit: 55 Min.
Für 4 Personen

6 Hähnchenschenkel, ohne Haut und Knochen
40 g Zwiebelsuppe aus der Tüte
425 ml Aprikosennektar
1 Dose (425 g) Aprikosenhälften, abgetropft

1. Backofen auf 180 °C vorheizen. Das Fleisch in eine feuerfeste Form legen. Die Suppe mit dem Aprikosennektar verrühren und über das Fleisch gießen.
2. Abgedeckt 50 Minuten backen, die Aprikosenhälften zugeben und weitere 5 Minuten backen. Mit Kartoffelpüree oder Reis servieren.

Nährwert pro Portion:
Eiweiß 30 g; Fett 3 g; Kohlenhydrate 25 g; Cholesterin 60 mg; 1045 kJ (250 kcal)

Hähnchen-Pie (oben) und Aprikosenhühnchen

Eintopf mit Hühnchen und Mais

Zubereitungszeit:
15 Min.
Garzeit:
20 Min.
Ergibt ca. 1½ Liter

20 g Butter
5 Frühlingszwiebeln, feingehackt
2 Schinkenspeckstreifen, feingehackt
1 Selleriestange, feingehackt
450 g Kartoffeln, geschält und gewürfelt
500 ml Hühnerbrühe
½ gekochtes oder gegrilltes Hähnchen, gewürfelt
375 ml Milch
1 Dose (420 g) Mais
Pfeffer
2 Frühlingszwiebeln, in feine Ringe geschnitten, zum Garnieren

1. Butter in der Pfanne zerlassen. Frühlingszwiebeln, Schinkenspeck und Sellerie bei mittlerer Hitze 2–3 Minuten braten, ohne zu bräunen. Kartoffeln zugeben und 1–2 Minuten braten, dann die Brühe zugeben. 10 Minuten köcheln lassen.
2. Fleisch, Milch und Mais zugeben. Unter Rühren erhitzen, aber nicht mehr köcheln lassen. Mit Pfeffer würzen und mit den Frühlingszwiebeln garnieren.

Nährwert pro Portion:
Eiweiß 45 g; Fett 30 g; Kohlenhydrate 40 g; Cholesterin 140 mg; 590 kJ (140 kcal)

Gegrilltes Chilihühnchen

Zubereitungszeit:
30 Min.
Marinierzeit:
2–3 Std.
Back- und Garzeit:
1 Std.
Für 4 Personen

2 Hähnchen (je 1 kg)
2 EL Olivenöl

Barbecuesauce
4 EL Olivenöl
125 ml Tomatensauce
1 EL Rotweinessig
2 Knoblauchzehen, zerdrückt
1 rote Zwiebel, gehackt
1 kleine rote Chilischote, ohne Kerne, gehackt
1 kleine grüne Chilischote, ohne Kerne und gehackt
2 TL Senf
2 TL Worcestersauce
1 TL getrockneter Oregano
1 Prise Cayennepfeffer
2 EL Limettensaft
1–2 EL süße Chilisauce

1. Mit einer Geflügelschere beide Hähnchen längs halbieren. Dabei das Rückgrat entfernen. Das Fleisch vorsichtig zusammendrücken und auf Metallspieße stecken.
2. Für die Barbecuesauce alle Zutaten bis auf den Saft und die Chilisauce in einen Topf geben und 10 Minuten bei schwacher Hitze kochen. Abkühlen lassen, in der Küchenmaschine pürieren und Saft und Chilisauce zugeben.
3. Ein Drittel der Sauce in eine Schüssel geben. Öl zugeben und die Hähnchen damit dick bestreichen. Etwas Sauce zum Begießen des Fleisches übrig lassen. Die Hähnchen abgedeckt 2–3 Stunden oder über Nacht kalt stellen.
4. Backofen auf 180 °C vorheizen. Die Hähnchen auf einem Ständer in einen bodenbedeckt mit Wasser gefüllten Bräter geben. Mit der Marinade bestreichen und 40–50 Minuten braten. Dabei häufig begießen. Vierteln und mit der restlichen Sauce servieren.

Nährwert pro Portion:
Eiweiß 65 g; Fett 60 g; Kohlenhydrate 15 g; Cholesterin 210 mg; 3710 kJ (885 kcal)

Hinweis: Die Sauce ist relativ mild. Mögen Sie es scharf, geben Sie mehr Chilischoten, Cayennepfeffer und Chilisauce zu.

Eintopf mit Hühnchen und Mais (oben) und Gegrilltes Chilihühnchen

Häppchen und Kanapees

Geflügel eignet sich hervorragend als kleiner Snack. Diese Häppchen ergeben eine raffinierte Zwischenmahlzeit, die leicht gelingt. Soll es noch schneller gehen, kaufen Sie ein küchenfertig geröstetes Grillhähnchen.

Fladenbrot mit Hähnchen und Grillgemüse

2 Hähnchenbrustfilets im Backofen rösten und schräg in feine Streifen schneiden. 1 Fladenbrot vierteln und mit etwas Olivenöl, gemischt mit einer zerdrückten Knoblauchzehe, bestreichen. Mit Grillgemüse wie Auberginen, Paprika, Zucchini und Pilzen belegen und auf dem Holzkohlegrill oder im Backofen bräunen. Mit Mayonnaise und ein wenig Pesto bestreichen. Ergibt 4 Stück.

NÄHRWERT PRO PORTION:
Eiweiß 25 g; Fett 10 g; Kohlenhydrate 35 g; Cholesterin 40 mg; 1390 kJ (330 kcal)

Häppchen mit Huhn, Spargel und Prosciutto

2 Hähnchenbrustfilets grillen und schräg in feine Streifen schneiden. 4 Scheiben von einem Sauerteigbrot abschneiden und mit etwas Olivenöl, gemischt mit einer zerdrückten Knoblauchzehe, bestreichen. Von beiden Seiten grillen oder braten, bis es leicht gebräunt ist. 4 Scheiben Prosciutto ohne Fett in der Pfanne rösten und in große Stücke teilen. 3–4 gekochte Spargelspitzen auf jedes Stück Brot legen, darüber Tomatenscheiben und Hähnchenstreifen geben und mit Kresse und 1 TL Mayonnaise, gemischt mit grobkörnigem Senf, garnieren. Darauf den Prosciutto legen. Ergibt 4 Stück.

NÄHRWERT PRO PORTION:
Eiweiß 15 g; Fett 10 g; Kohlenhydrate 30 g; Cholesterin 25 mg; 1165 kJ (280 kcal)

Crostinis mit heißer Hühnerleber und gegrillten Paprika

8 Baguettescheiben toasten und warm stellen. 1 kleine rote Paprikaschote vierteln, Kerne entfernen und von beiden Seiten mit 1 EL Öl einstreichen. Von beiden Seiten grillen. Dann die Haut abziehen und in feine Streifen schneiden. 200 g Hühnerleber säubern und in Stücke schneiden. 1 zerdrückte Knoblauchzehe 30 Sekunden in 1 EL Butter braten, die Leber zugeben und 4–5 Minuten anbraten (die Leber sollte innen noch rosafarben sein). Vom Herd nehmen. 2 EL trockenen Sherry und 1 TL frisch gehackten Thymian in die Pfanne geben und 2 Minuten bei geringer Hitze schmoren. Mit Salz und Pfeffer würzen. Das Brot mit der Leber belegen und mit dem Saft beträufeln. Mit den Paprikastreifen garnieren und 1 kleinen Zweig Thymian darüber legen. Mit frisch gemahlenem schwarzem Pfeffer und Salz würzen. Heiß servieren. Ergibt 8 Stück.

NÄHRWERT PRO PORTION:
Eiweiß 15 g; Fett 10 g; Kohlenhydrate 12 g; Cholesterin 35 mg; 875 kJ (210 kcal)

Hühnchenkanapees mit Avocadosalsa

2 Hähnchenbrustfilets grillen und schräg in feine Streifen schneiden. 4 dicke Scheiben Ciabattabrot toasten. Eine Salsa aus 1 gehackten Avocado, 1 gehackten Pfirsich oder Nektarine, 1 gehackten Tomate, 2 feingehackten Frühlingszwiebeln, 1 EL gehacktem frischen Koriander und 1–2 EL Zitronensaft zubereiten. Das Brot mit Salatblättern und Hähnchenstreifen belegen. Die Salsa darüber geben und sofort servieren. Ergibt 4 Stück.

NÄHRWERT PRO PORTION:
Eiweiß 15 g; Fett 9,5 g; Kohlenhydrate 30 g; Cholesterin 20 mg; 1165 kJ (280 kcal)

Von links nach rechts: Fladenbrot mit Hähnchen und Grillgemüse; Häppchen mit Huhn, Spargel und Prosciutto; Crostinis mit heißer Hühnerleber und gegrillten Paprika und Hühnchenkanapees mit Avocadosalsa

Hähnchen-Kartoffel-Auflauf

Zubereitungszeit:
30 Min.
Back- und Garzeit:
1 Stunde 10 Min.
Für 4 Personen

750 g Hähnchenschenkelfilet, ohne Knochen
30 g Butter
1 Zwiebel, gehackt
2 Selleriestangen, gehackt
2 EL Mehl
250 ml Hühnerbrühe
200 ml Milch
120 g magerer Schinken, in Streifen geschnitten
2 TL Senf
2 EL frisch gehackte Petersilie
etwas Salz und Pfeffer
3 hartgekochte Eier, geviertelt
3 Kartoffeln, geschält und in sehr dünne Scheiben geschnitten
15 g Butter, zerlassen
Paprikapulver, zum Garnieren

1. Backofen auf 200 °C vorheizen. Das Fleisch von Fett und Sehnen befreien. Butter in einer Pfanne zerlassen und das Filet 10 Minuten bei starker Hitze portionsweise darin bräunen. Aus der Pfanne nehmen. Zwiebel und Sellerie hineingeben und 5 Minuten dünsten. Dann das Mehl einrühren.
2. Vom Herd nehmen und nach und nach Brühe und Milch zugeben. Wieder auf den Herd stellen und rühren, bis die Mischung aufkocht und eindickt. Das Filet in mundgerechte Stücke schneiden und zusammen mit Saft, Schinken, Senf und Petersilie in die Pfanne geben. Gut vermischen und mit Salz und Pfeffer würzen. Eier einrühren.
3. Die Mischung in eine flache feuerfeste Form (Fassungsvermögen 1,5 l) füllen. Kartoffelscheiben über das Hähnchen schichten, mit der zerlassenen Butter bestreichen und mit etwas Paprikapulver bestreuen.
4. 40–50 Minuten backen, bis die Kartoffeln knusprig goldbraun sind.

Nährwert pro Portion:
Eiweiß 55 g; Fett 20 g; Kohlenhydrate 20 g; Cholesterin 295 mg; 295 kJ (505 kcal)

Sautiertes Hühnchen mit Pilzen

Zubereitungszeit:
15 Min.
Garzeit: 15 Min.
Für 4 Personen

2 EL Olivenöl
600 g Hähnchenschenkelfilet, in mundgerechte Stückchen geschnitten
2 EL Weinbrand
125 ml Hühnerbrühe
300 g Waldpilze oder Champignons, geputzt und in dicke Scheiben geschnitten
2 TL frische Thymianzweige
ezwas Salz und Pfeffer
3 EL Sahne

1. Das Öl in einer gußeisernen Pfanne erhitzen. Das Fleisch portionsweise bei starker Hitze 4 Minuten bräunen. Zwischen den einzelnen Portionen die Pfanne jeweils wieder neu erhitzen. Das Fleisch herausnehmen und das Öl aus der Pfanne abgießen.
2. Die Pfanne erhitzen, bis sie zu dampfen beginnt, Weinbrand eingießen und köcheln lassen, bis er fast verdampft ist. Brühe zugießen und zum Kochen bringen, dann die Pilze und den Thymian einrühren und gut mit Salz und Pfeffer würzen. Das Fleisch mit dem Saft in die Pfanne geben. 3 Minuten kochen.
3. Sahne einrühren und nach Geschmack würzen. Mit Bandnudeln oder Reis servieren.

Nährwert pro Portion:
Eiweiß 35 g; Fett 20 g; Kohlenhydrate 2 g; Cholesterin 95 mg; 1395 kJ (335 kcal)

Hähnchen-Kartoffel-Auflauf (oben) und Sautiertes Hühnchen mit Pilzen

1 Das Hähnchen mit einer Schere auf der Rückseite längs halbieren.

2 Die Haut mit der Hand ablösen.

Marokkanisches Schmetterlingshähnchen

Zubereitungszeit:
15 Min.
Backzeit:
1 Std.
Für 4 Personen

1 ganzes Brathähnchen (1,5 kg)
3 TL Olivenöl
1½ TL gemahlener Kreuzkümmel
1½ TL gemahlener Koriander

Oliven- und Zitronenfüllung
2 EL in Salz eingelegte Zitronen, feingehackt, nur Schale
55 g entsteinte grüne Oliven, gehackt
40 g Pinienkerne
2 EL frisch gehackte glattblättrige Petersilie
1 TL Harissa (nordafrikanische Würzsauce mit Cayennepfeffer, wenn nicht erhältlich, Chilisauce verwenden)

1. Backofen auf 180 °C vorheizen. Die Flügel unter das Hähnchen stecken, dann das Huhn mit einer Schere auf der Rückseite längs aufschneiden, auseinander klappen und mit den Händen herunterdrücken.
2. Für die Oliven- und Zitronenfüllung Zitronenschale, Oliven, Pinienkerne, Petersilie und Harissa in eine Schüssel geben und gut mischen.
3. Die Haut über der Brust und den Beinen mit den Händen lösen. Die Füllung von oben begonnen bis herunter zu den Beinen unter der Haut verteilen. Die Beine mit einem Spieß an der Seite des Hähnchens feststecken.
4. Das Huhn mit etwas Olivenöl bestreichen. Gemahlenen Kreuzkümmel und Koriander mischen und darüber streuen.
5. Das Huhn aufgespießt in eine Backform stellen und 1 Stunde backen. Mit einem Spieß am Hähnchenschenkel die Garprobe machen. Wenn klarer Fleischsaft austritt, ist das Fleisch gar. Ist der Saft noch hellrot, das Huhn weitere 10 Minuten backen. Dann erneut die Garprobe machen.
6. Wenn das Huhn gar ist, aus dem Ofen nehmen und an einem warmen Ort 10 Minuten ruhen lassen. Dann in Portionen teilen. Mit gedämpftem Couscous oder Safranreis und grünem Blattsalat servieren.

Nährwert pro Portion:
Eiweiß 60 g; Fett 15 g; Kohlenhydrate 3 g; Cholesterin 125 mg; 1160 kJ (395 kcal)

Marokkanisches Schmetterlingshähnchen

3 Die Füllung vollständig unter der Haut verteilen.

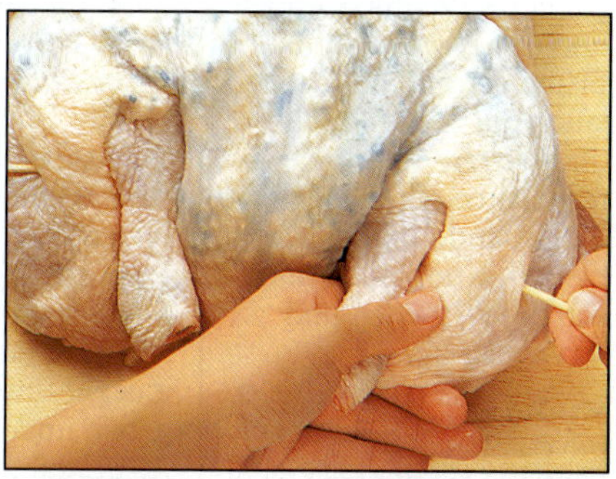

4 Die Beine mit einem Spieß am Körper feststecken, damit das Huhn in Form bleibt.

Grillhähnchen mit Knoblauch und Kartoffeln

Zubereitungszeit: 35 Min.
Backzeit: 55 Min.
Für 4 Personen

1,2 kg Hühnchenteile
4 mehlige Kartoffeln, mit Schale, in große Stücke geschnitten
2 EL frischer Rosmarin, grobgehackt
1 TL frische Thymianblätter
125 ml Olivenöl
Salz und Pfeffer, nach Geschmack
3 EL Hühnerbrühe
1 ganze Knoblauchknolle, in Zehen aufgeteilt

1. Backofen auf 200 °C vorheizen. Fleisch, Kartoffeln, Gewürze, Öl, Salz und Pfeffer in eine Auflaufform geben.
2. Gut mischen und 30 Minuten backen, dabei regelmäßig wenden und das Fleisch mit Brühe beträufeln. Knoblauch darüber verteilen und weitere 15–20 Minuten backen.
3. Saft und Öl über Fleisch, Knoblauch und Kartoffeln gießen und servieren.

Nährwert pro Portion:
Eiweiß 45 g; Fett 35 g; Kohlenhydrate 15 g; Cholesterin 90 mg; 2295 kJ (550 kcal)

Schnitzel nach Florentiner Art

Zubereitungszeit: 30 Min.
Garzeit: 45 Min.
Für 4 Personen

Tomatensauce
1 EL Olivenöl
1 Zwiebel, feingehackt
2 Knoblauchzehen, zerdrückt
1 Dose (425 g) Tomaten, gehackt
4 EL Weißwein oder Wasser
1 TL Zucker
½ TL getrockneter Oregano

500 g Blattspinat, gewaschen, abgetropft und ohne Stengel
4 EL Sahne
Salz und Pfeffer, nach Geschmack
4 Hähnchenbrustfilets, ohne Filetspitzen
Mehl zum Panieren
30 g Butter
1 EL Olivenöl
90 g Gruyère- oder Cheddarkäse, gerieben

1. Für die Tomatensauce das Öl in der Pfanne erhitzen. Zwiebel und Knoblauch zugeben und 5 Minuten darin dünsten. Tomaten, Wein, Zucker und Oregano zugeben und 15 Minuten bei schwacher Hitze kochen, bis die Sauce leicht eindickt.
2. Spinat grob hacken und in einen Topf geben. Bei mittlerer Hitze 2–3 Minuten kochen, bis er zusammenfällt. Abkühlen lassen und ausdrücken. Sahne unterheben und mit Salz und Pfeffer würzen.
3. Das Fleisch von Fett und Sehnen befreien, trockentupfen und jedes Filetstück in Frischhaltefolie einwickeln. Mit einem Fleischklopfer oder einem Nudelholz vorsichtig auf 1,5 cm Breite flachklopfen.
4. Das Fleisch im Mehl wenden, überschüssiges Mehl abschütteln. Butter und Öl in einer großen gußeisernen Bratpfanne erhitzen. Die Schnitzel darin 2 Minuten von jeder Seite hellbraun braten.
5. Auf jedes Schnitzel Spinat und geriebenen Käse geben. Tomatensauce um das Fleisch herum gießen, dabei nicht den Käse bedecken.
6. Die Pfanne bedecken und bei schwacher Hitze 10–15 Minuten erhitzen, bis der Käse geschmolzen ist.

Nährwert pro Portion:
Eiweiß 45 g; Fett 35 g; Kohlenhydrate 10 g; Cholesterin 135 mg; 2250 kJ (540 kcal)

Grillhähnchen mit Knoblauch und Kartoffeln (oben) und Schnitzel nach Florentiner Art

Geflügel-Paella

Zubereitungszeit: 30 Min.
Garzeit: 1 Std.
Für 4–6 Personen

2 Tomaten
4 Hähnchenschenkel mit Haut
4 EL Olivenöl, zum Fritieren
70 g Chorizowurst, in 5 mm breite Scheiben geschnitten
2 Knoblauchzehen, zerdrückt
1 rote Zwiebel, in Ringe geschnitten
450 g Reis
1 rote Paprikaschote, in dünne Streifen geschnitten
750 ml Hühnerbrühe
1/8 TL Safranfäden
150 g Tiefkühlerbsen
12 Miesmuscheln, gereinigt
8 ganze Garnelen, ohne Schalen und Darm, mit Schwänzen
250 g Tintenfisch, in 1 cm breite Ringe geschnitten

1. Tomaten kreuzförmig einritzen, in eine Schüssel geben, mit kochendem Wasser übergießen und 10 Sekunden darin ruhen lassen. In kaltes Wasser tauchen, schälen, Kerne entfernen und hacken.
2. Das Hühnchen am Knochen entlang halbieren, so daß das Fleisch an einer Seite am Knochen bleibt. Die Haut einstechen. Das Öl in einer großen Bratpfanne auf höchster Stufe erhitzen. Das Fleisch darin 10 Minuten bräunen, dann auf Küchenpapier abtropfen lassen. Wurst 2–3 Minuten braten; auf Küchenpapier abtropfen lassen.
3. Knoblauch und Zwiebel in die Pfanne geben und 5 Minuten braten. Reis zugeben und 1–2 Minuten rühren, bis er mit Öl bedeckt ist. Tomaten, Hühnchen, Wurst und Paprika zugeben, Hitze reduzieren und 5 Minuten braten.
4. Brühe, 250 ml Wasser und Safran in einem Topf zum Kochen bringen. Über den Reis gießen und bei schwacher Hitze 10 Minuten köcheln lassen. Erbsen einrühren und abgedeckt 10 Minuten kochen. Muscheln, Garnelen und Tintenfischringe zugeben und im offenen Topf 10 Minuten köcheln lassen, bis die Flussigkeit ganz eingekocht ist. Jetzt nicht mehr umrühren, es könnte sich eine dünne Kruste am Boden gebildet haben.

Nährwert pro Portion:
Eiweiß 40 g; Fett 15 g; Kohlenhydrate 60 g; Cholesterin 185 mg; 2390 kJ (570 kcal)

Räucherhuhn mit Senfnudeln

Zubereitungszeit: 10 Min.
Garzeit: 15 Min.
Für 6 Personen

500 g dünne Bandnudeln
1 geräuchertes Huhn
300 g saure Sahne
1 EL Senf
Salz und Pfeffer, nach Geschmack
1 EL gehackte Petersilie, zum Garnieren

1. Reichlich Salzwasser in einem großen Topf zum Kochen bringen und die Nudeln darin bißfest kochen. Nudeln abgießen, dabei eine Tasse Wasser zurückbehalten, um damit eventuell die Sauce zu verdünnen.
2. Das Fleisch komplett von den Knochen lösen und die Haut entfernen. Fleisch in Stücke schneiden.
3. Saure Sahne in eine Pfanne geben und bei schwacher Hitze erwarmen, bis sie dünnflüssig wird. Senf, Fleisch, Salz und Pfeffer einrühren.
4. Nudeln unter die Sauce heben und gut mischen. In einer großen Schüssel servieren und mit Petersilie bestreuen.

Nährwert pro Portion:
Eiweiß 50 g; Fett 45 g; Kohlenhydrate 60 g; Cholesterin 205 mg; 3665 kJ (875 kcal)

Geflügel-Paella und Räucherhuhn mit Senfnudeln

Tandoori-Hähnchen

Zubereitungszeit: 10 Min.
Kühlzeit: 1 Nacht
Backzeit: 30 Min.
Für 6–8 Personen

8 Hähnchenkeulen
8 Hähnchenschenkel
Saft von 1 Zitrone
1 Zwiebel, feingehackt
2 Knoblauchzehen, zerdrückt
1 EL frischer Ingwer, gerieben
1–2 rote Chilischoten
1 EL Garam Masala (indische Gewürzmischung, in Asia-Märkten erhältlich)
1 TL Paprikapulver
¼ TL Salz
500 ml Naturjoghurt
rote und gelbe Speisefarbe
Zitronenspalten, zum Servieren

1. Jedes Hähnchenteil dreifach einritzen und mit dem Zitronensaft in eine Schüssel geben. Gut mischen.
2. Zwiebel, Knoblauch, Ingwer, Chilischoten, Garam Masala, Paprika, Salz und Joghurt in der Küchenmaschine cremig rühren. Speisefarbe zugeben, bis der gewünschte Farbton erreicht ist. Die Mischung über das Fleisch gießen. Abgedeckt über Nacht in den Kühlschrank stellen.
3. Backofen auf höchste Stufe vorheizen. Das Fleisch aus der Marinade nehmen und abtropfen lassen. Auf einen Gitterrost in einer feuerfesten Form 20–30 Minuten knusprig backen (die Keulen brauchen eventuell etwas länger). Mit Zitronenspalten servieren.

NÄHRWERT PRO PORTION:
Eiweiß 45 g; Fett 8,5 g; Kohlenhydrate 4 g; Cholesterin 120 mg; 1130 kJ (270 kcal)

Würziges Backhähnchen mit Kichererbsen

Zubereitungszeit: 30 Min.
Back- und Garzeit: 1 Std. 10 Min.
Für 4–6 Personen

1 TL Kreuzkümmelkörner, leicht zerstoßen
1 EL Korianderkörner, leicht zerstoßen
1 EL Olivenöl
1,5 kg Hühnchenteile
1 grüne Paprikaschote, ohne Kerne, gewürfelt
2 Zwiebeln, in breite Ringe geschnitten
2 Knoblauchzehen, gehackt
1 grüne Chilischote, ohne Kerne und gehackt
½ TL Safranfäden
150 g Basmatireis
375 ml Hühnerbrühe
125 ml Weißwein
geriebene Schale und Saft von 1 Zitrone
1 Dose (300 g) Kichererbsen, abgetropft
50 g grüne Oliven

1. Backofen auf 180 °C vorheizen. In einer Kasserolle (4 l Fassungsvermögen) Kreuzkümmel- und Korianderkörner ohne Fett 1 Minute auf dem Herd rösten; herausnehmen und beiseite stellen.
2. Öl in der Kasserolle erhitzen. Fleisch in 2 Portionen aufteilen und 3–4 Minuten bei starker Hitze unter häufigem Wenden bräunen. Herausnehmen und beiseite stellen.
3. Paprika, Zwiebeln, Knoblauch und Chilischote in den Topf geben und 3–4 Minuten rühren. Safran, Reis und Gewürze einrühren und 1 Minute braten.
4. Brühe, Wein, Zitronenschale und -saft zugeben. Langsam unter Rühren zum Kochen bringen, vom Herd nehmen und das Fleisch darauf legen. Abgedeckt 45 Minuten backen. Kichererbsen und Oliven unterrühren und weitere 5 Minuten backen.

NÄHRWERT PRO PORTION:
Eiweiß 45 g; Fett 8,5 g; Kohlenhydrate 30 g; Cholesterin 85 mg; 1645 kJ (395 kcal)

Tandoori-Hähnchen (oben) und Würziges Backhähnchen mit Kichererbsen

Hähnchenfilets mit Pestofüllung

Zubereitungszeit: 20 Min.
Garzeit: 25 Min.
Für 4 Personen

50 g Basilikumblätter
40 g Pinienkerne, geröstet
25 g geriebener Parmesan
4 EL Olivenöl
Salz und Pfeffer, nach Geschmack
4 Hähnchenbrustfilets
2 TL Öl, zusätzlich
2 TL Butter
1 kleine Zwiebel, feingehackt
1 Knoblauchzehe, zerdrückt
125 ml Weißwein
185 ml Hühnerbrühe
1 EL Pinienkerne, geröstet, zusätzlich

1. Basilikum, Pinienkerne und Parmesan in der Küchenmaschine fein zerkleinern. Bei laufender Maschine nach und nach das Öl zugeben, bis eine geschmeidige Masse entsteht. Mit Salz und Pfeffer würzen.
2. Das Fleisch von Fett und Sehnen befreien. Zusätzliches Öl und Butter in einer Pfanne erhitzen, Filet hineingeben und bei starker Hitze bräunen. Aus der Pfanne nehmen und kurz abkühlen lassen. Jedes Fleischstück 4 mal etwa ¾ seiner Breite tief einschneiden. In jede Kerbe 1 TL vom Pesto füllen.
3. Zwiebel und Knoblauch 5 Minuten braten. Wein und Brühe zugeben, zum Kochen bringen, dann bei geringer Hitze 5 Minuten köcheln lassen. Die Filets mit der Füllung nach oben zurück in die Pfanne geben und 8–10 Minuten teilweise abgedeckt erhitzen. Mit den zusätzlichen Pinienkernen bestreuen.

NÄHRWERT PRO PORTION:
Eiweiß 40 g; Fett 35 g; Kohlenhydrate 2,5 g; Cholesterin 85 mg; 2070 kJ (495 kcal)

Parma-Hühnchen

Zubereitungszeit: 25 Min.
*Kühlzeit:*30 Min.
Back- und Garzeit: 35 Min.
Für 4 Personen

4 Hähnchenbrustfilets
Mehl, zum Panieren
etwas Salz und Pfeffer
Paniermehl
1 Ei, verquirlt
1 EL Milch
Öl, zum Braten
250 g küchenfertige Tomatensauce für Nudelgerichte
2 EL frische Basilikumblätter, zerkleinert
50 g geriebener Parmesan
100 g Mozzarella, in Scheiben geschnitten

1. Das Fleisch von Fett und Sehnen befreien und mit Küchenpapier trockentupfen. In Frischhaltefolie wickeln und mit einem Fleischklopfer oder einem Nudelholz auf 5 mm Breite flach klopfen.
2. Mehl mit Salz und Pfeffer mischen. Mehl und Paniermehl jeweils auf 1 Teller geben. Ei und Milch zusammen in eine flache Schüssel füllen. Das Fleisch im Mehl wenden, überschüssiges Mehl abschütteln, in die Eier- und Milchmischung tauchen, abtropfen lassen und im Paniermehl wenden. 30 Minuten kalt stellen.
3. Backofen auf 180 °C vorheizen. Reichlich Öl in eine Pfanne geben. Das Filet darin 3–4 Minuten von jeder Seite goldbraun braten. Auf Küchenpapier abtropfen lassen. Nebeneinander in eine eingefettete Auflaufform legen.
4. Tomatensauce und Basilikum mischen und über das Fleisch geben. Mit Parmesan bestreuen und mit Mozzarella belegen. 20–25 Minuten goldbraun überbacken.

NÄHRWERT PRO PORTION:
Eiweiß 40 g; Fett 25 g; Kohlenhydrate 15 g; Cholesterin 145 mg; 1950 kJ (465 kcal)

Hähnchenfilets mit Pestofüllung (oben) und Parma-Hühnchen

Gefüllte Teigtaschen

Zubereitungszeit:
30 Min.
Garzeit:
45 Min.
Ergibt ca. 60 Stück

1 Eiweiß
1 EL Weizenmehl
1½ EL Sojasauce
1 TL Sesamöl
500 g Hähnchenschenkelfilet, in kleine Stücke geschnitten
100 g Bok-Choy-Kohl, feingehackt (in Asia-Märkten erhältlich, ersatzweise Spinat verwenden)
¼ Dose (50 g) Wasserkastanien, gehackt
40 g Frühlingszwiebeln, feingehackt
2 EL frisch gehackter Koriander
½ EL fein geriebener frischer Ingwer
Salz
250 g fertige Wan-Tan-Teigplatten

Dip
4 EL Sojasauce
4 EL Wasser
1 EL frischer Limettensaft

1. Eiweiß in eine große Schüssel geben und leicht verquirlen. Mehl, Sojasauce und Sesamöl einrühren.
2. Das Fleisch in der Küchenmaschine fein hacken. Die Eiweißmischung, Bok-Choy-Kohl, Wasserkastanien, Frühlingszwiebeln, Koriander und Ingwer einrühren. Alle Zutaten gut mischen und mit Salz würzen.
3. 2 TL der Mischung in die Mitte einer Teigplatte geben, dabei immer nur eine Teigplatte belegen. Die Ränder des Teiges nach oben biegen, so daß kleine Taschen entstehen. Diese oben offen lassen und die Füllung ein wenig zusammendrücken, damit sie hält. Damit der Boden flach wird, jede Teigtasche leicht auf die Tischplatte aufschlagen.
4. Einen Bambusdampfaufsatz mit etwas Öl ausstreichen und eine Schicht Teigtaschen hineingeben (sie müssen portionsweise zubereitet werden). Wasser in einem Topf zum Kochen bringen und den Aufsatz darauf stellen. Jede Portion abgedeckt ca. 15 Minuten dämpfen.
5. Für den Dip alle Zutaten in eine kleine Schüssel geben und gut verrühren. Zu den warmen Teigtaschen reichen.

NÄHRWERT PRO PORTION:
Eiweiß 1 g; Fett 0,5 g; Kohlenhydrate 4 g; Cholesterin 4 mg; 90 kJ (20 kcal)

Hinweis: Dampfaufsätze sind mit mehreren Etagen erhältlich, so daß auch mehrere Portionen gleichzeitig gedämpft werden können.

Gefüllte Teigtaschen

1 Bok-Choy-Kohl und Wasserkastanien fein hacken.

2 2 TL der Mischung in die Mitte jeder Teigplatte geben.

3 Die Ränder des Teiges nach oben biegen, so daß kleine Taschen entstehen.

4 Teigtaschen abgedeckt ca. 15 Minuten dämpfen.

Mediterranes Hähnchenschnitzel

Zubereitungszeit: 20 Min.
Garzeit: 25 Min.
Für 4 Personen

4 Hähnchenbrustfilets
3 EL Mehl
30 g Butter
1 EL Olivenöl
2 Knoblauchzehen, gehackt
1 EL Oregano, gehackt
1 EL Salbei, gehackt
1 Dose (425 g) Tomaten, gehackt
2 EL trockener Weißwein
½ rote Paprika, in Ringe geschnitten
100 g schwarze Oliven
50 g Fetakäse, zerkleinert
frische Oreganoblätter, zum Garnieren

1. Fleisch von Fett und Sehnen befreien und im Mehl wenden. Überschüssiges Mehl abschütteln.
2. Butter, Öl und Knoblauch in einer Pfanne aufschäumen lassen. Das Fleisch darin 3 Minuten von jeder Seite bräunen.
3. Gewürze, Tomaten und Wein einrühren, abschmecken und Paprika und Oliven darüber streuen. Abgedeckt 10–15 Minuten köcheln lassen. Mit Fetakäse und Oreganoblättern bestreuen und servieren.

NÄHRWERT PRO PORTION:
Eiweiß 40 g; Fett 20 g; Kohlenhydrate 10 g; Cholesterin 105 mg; 1575 kJ (375 kcal)

Hühnchenpastete

Zubereitungszeit: 30 Min.
Kühlzeit: 1 Nacht
Back- und Garzeit: 1 Std. 40 Min.
Für 8–10 Personen

45 g Butter
1 große Zwiebel, feingehackt
2 Knoblauchzehen, zerdrückt
10 magere Schinkenscheiben, ohne Kruste
1 kg Hühnerfleisch, in der Küchenmaschine zerkleinert
125 ml Sahne
1 Ei, verquirlt
50 g Pistazienkerne
80 g Paniermehl
1 EL frische Rosmarinblätter
etwas Salz und Pfeffer
1 Hähnchenbrustfilet

1. Backofen auf 180 °C vorheizen. Eine Kastenform (14 cm x 21 cm) einfetten oder mit Backpapier auslegen.
2. Butter in einem Topf zerlassen, Zwiebel und Knoblauch zugeben und bei schwacher Hitze 5–10 Minuten anbraten. Abkühlen lassen.
3. Die Kastenform mit dem Schinken auslegen, so daß der Boden und die Seiten bedeckt sind und der Schinken überhängt.
4. Zwiebelmischung in einer Schüssel mit Hackfleisch, Sahne, Ei, Pistazien, Paniermehl, Rosmarin, Salz und Pfeffer vermengen. Etwas davon anbraten und abschmecken.
5. Filet von Fett und Sehnen befreien und in 6 Streifen schneiden. ⅓ der Hackmasse in die Form geben und andrücken. 3 Hähnchenstreifen darüber legen. Mit dem zweiten Drittel der Hackfleischmasse und den restlichen Hähnchenstreifen den Vorgang wiederholen. Das restliche Drittel darüber geben. Mit dem überstehenden Schinken belegen und mit Alufolie abdecken.
6. Die Form in eine zweite Backform stellen und kochendes Wasser zugießen, bis die Form bis zur Hälfte im Wasser steht. 1½ Stunden backen, bis bei der Garprobe mit einem Spieß klarer Saft austritt. Aus der äußeren Form nehmen, mit Frischhaltefolie und Alufolie abdecken und eine gleich große Form darüberstellen. Mit Dosen beschweren. Über Nacht kalt stellen. Die Form stürzen, das Papier entfernen und die Pastete in dicke Scheiben schneiden.

NÄHRWERT PRO PORTION:
Eiweiß 15 g; Fett 15 g; Kohlenhydrate 8 g; Cholesterin 70 mg; 910 kJ (215 kcal)

Mediterranes Hähnchenschnitzel (oben) und Hühnchenpastete

Hühnchen in Macadamianußmantel

Zubereitungszeit: 30 Min.
Kühlzeit: 1 Std.
Backzeit: 25 Min.
Für 4 Personen

4 Hähnchenbrustfilets
2 EL Preiselbeersauce aus dem Glas
100 g Camembert, zerkleinert
Mehl, zum Panieren
Salz und Pfeffer, nach Geschmack
1 Ei, verquirlt
1 EL Milch
80 g Paniermehl
200 g Macadamianüsse, feingehackt

1. Backofen auf 200 °C vorheizen. Das Filet von Fett und Sehnen befreien, dann jedes Stück seitlich tief einschneiden. 2 TL Preiselbeersauce hineingeben und verteilen, mit Camembert auffüllen. Die Öffnung mit einem Zahnstocher verschließen.
2. Das Mehl mit Salz und Pfeffer mischen und auf einen Teller geben, Milch und Ei verrühren und in eine Schüssel geben. Paniermehl und Nüsse mischen und auf einen Teller geben. Das Fleisch nacheinander im Mehl wenden, dabei überschüssiges Mehl abschütteln, in die Eier- und Milchmischung tauchen und in der Paniermehl- und Nußmischung wenden. 1 Stunde in den Kühlschrank stellen.
3. Das Fleisch nebeneinander in eine gefettete feuerfeste Form legen und 20–25 Minuten goldbraun backen. Die Zahnstocher vor dem Servieren entfernen.

NÄHRWERT PRO PORTION:
Eiweiß 45 g; Fett 50 g; Kohlenhydrate 20 g; Cholesterin 145 mg; 2995 kJ (715 kcal)

Hühnchen-Fajitas

Zubereitungszeit: 35 Min.
Marinierzeit: 2 Std.
Back- und Garzeit: 20 Min.
Für 4–6 Personen

Marinade
125 ml Limettensaft
4 Knoblauchzehen, zerdrückt
2 EL Öl
½ TL Salz
½ TL schwarzer Pfeffer

600 g Hähnchenfiletspitzen
4 Weizentortillas
2 EL Öl
2 rote Zwiebeln, in Ringe geschnitten
1 rote Paprikaschote, in dünne Ringe geschnitten
1 grüne Paprikaschote, in dünne Ringe geschnitten

1. Für die Marinade die Zutaten in einer Schüssel mischen.
2. Das Filet von Fett und Sehnen befreien und in die Marinade legen. Abgedeckt 2 Stunden in den Kühlschrank stellen.
3. Backofen auf 180 °C vorheizen. Die Tortillas in Alufolie wickeln und 10 Minuten backen. Warm stellen.
4. Die Hälfte des Öls in einer gußeisernen Pfanne erhitzen. Das Fleisch aus der Marinade nehmen, abtropfen lassen und portionsweise bei starker Hitze 4–5 Minuten scharf durchbraten. Herausnehmen und warm stellen. Das restliche Öl zugeben und das Gemüse 3 Minuten braten.
5. Jeweils eine Tortilla füllen (die anderen so lange in der Alufolie lassen). Dazu ¼ des Fleisches in der Mitte der Tortilla verteilen, ¼ des Gemüses darüber geben und zusammenrollen. Die übrigen Tortillas ebenso füllen. Mit Guacamole und frischer Tomatensalsa servieren.

NÄHRWERT PRO PORTION:
Eiweiß 25 g; Fett 15 g; Kohlenhydrate 5 g; Cholesterin 85 mg; 840 kJ (200 kcal)

Hühnchen in Macadamianußmantel (oben) und Hühnchen-Fajitas

Polentahühnchen mit Maissalsa

Zubereitungszeit:
35 Min.
Einweichzeit:
30 Min.
Garzeit:
40 Min.
Für 4 Personen

1 kg Hühnchenteile
375 ml Milch
75 g Polenta
60 g Mehl
½ TL Paprikapulver
½ TL Currypulver
⅛ TL Cayennepfeffer
Salz und Pfeffer, nach Geschmack
Öl, zum Fritieren

Salsa
200 g frische Maiskörner, blanchiert
1 Tomate, gewürfelt
2 Frühlingszwiebeln, in dünne Ringe geschnitten
1 EL frisch gehackter Koriander
2 EL saure Sahne

1. Fleisch in einer Schüssel mit der Milch 30 Minuten einweichen lassen. Polenta, Mehl, Gewürze, etwas Salz und gemahlenen schwarzen Pfeffer in einer anderen Schüssel vermischen.
2. Das Fleisch sorgfältig abtropfen lassen, dann mit der Polentamischung panieren.
3. Öl in eine große Pfanne geben, so daß es 2 cm hoch steht. Auf 180 °C erhitzen, das Fleisch portionsweise hineingeben und ca. 20 Minuten von allen Seiten goldbraun braten. Auf Küchenpapier abtropfen lassen.
4. Für die Salsa alle Zutaten gut mischen und zum Hühnchen servieren.

Nährwert pro Portion:
Eiweiß 50 g; Fett 15 g; Kohlenhydrate 50 g; Cholesterin 115 mg; 2125 kJ (510 kcal)

Hähnchenfilethäppchen mit Rosmarin

Zubereitungszeit:
25 Min.
Garzeit:
15 Min.
Für 4 Personen

Zitronenmayonnaise
160 g Mayonnaise
2 EL saure Sahne
1 EL frisch gehackte Petersilie
2 TL geriebene frische Zitronenschale
schwarzer Pfeffer, nach Geschmack

4 Hähnchenbrustfilets
125 ml Olivenöl
1 EL frisch gehacktes Rosmarin
Salz und Pfeffer, nach Geschmack
1 Baguettestange, schräg in breite Scheiben geschnitten
einige Blätter Kopfsalat
frische Rosmarinzweige, zum Garnieren

1. Für die Zitronenmayonnaise alle Zutaten mit etwas schwarzem Pfeffer gut mischen und beiseite stellen.
2. Das Fleisch von Fett und Sehnen befreien und in lange dünne Streifen schneiden. Die Hälfte des Öls, Rosmarin, Salz und Pfeffer in eine Schüssel geben, das Fleisch hineinlegen und darin wenden.
3. Eine gußeiserne Pfanne sehr stark erhitzen, bis sie zu dampfen beginnt, dann mit etwas Öl bestreichen. Die Fleischstückchen darin schnell portionsweise goldbraun und zart braten. Beiseite stellen.
4. Brot toasten und mit dem restlichen Öl bestreichen. Auf jede Scheibe ein Salatblatt legen, ein paar Hähnchenstreifen darauf legen und etwas Zitronenmayonnaise darüber geben. Mit Rosmarinzweigen garniert servieren.

Nährwert pro Portion:
Eiweiß 50 g; Fett 55 g; Kohlenhydrate 70 g; Cholesterin 100 mg; 3950 kJ (945 kcal)

Polentahühnchen mit Maissalsa (oben) und Hähnchenfilethäppchen mit Rosmarin

Hühnchenpizza

Zubereitungszeit: 20 Min.
Backzeit: 20 Min.
Für 2–4 Personen

1 rote Zwiebel, in Ringe geschnitten
250 g saure Sahne
1 Knoblauchzehe, zerdrückt
2 TL frischer Thymian, gehackt
25 g geriebener Parmesan
150 g Hühnchenwürfel, gekocht oder gegrillt
Salz und Pfeffer, nach Geschmack
1 großer küchenfertiger Pizzaboden
1 großer Champignon, in dünne Scheiben geschnitten
75 g Mozzarella, gewürfelt
1 TL frischer Thymian

1. Backofen auf 200 °C vorheizen. Zwiebel, saure Sahne, Knoblauch, Thymian und Parmesan mischen und beiseite stellen. Das Hühnchen mit Salz und Pfeffer würzen.
2. Den Pizzaboden auf ein Backblech legen und mit der Zwiebelmischung bestreichen. Pilze, Hühnchen und Mozzarella darüber verteilen. 15–20 Minuten überbacken, bis der Käse goldgelb ist. Mit Thymian bestreuen.

Nährwert pro Portion:
Eiweiß 30 g; Fett 35 g; Kohlenhydrate 4 g; Cholesterin 170 mg; 1880 kJ (450 kcal)

Hackklößchen Stroganoff

Zubereitungszeit: 15 Min.
Garzeit: 20 Min.
Für 4 Personen

500 g Hühnerfleisch, in der Küchenmaschine zerkleinert
2 Knoblauchzehen, zerdrückt
1 kleine Zwiebel, gerieben
Mehl, zum Panieren
Salz und Pfeffer, nach Geschmack
2 EL Öl
30 g Butter
1 große Zwiebel, in Ringe geschnitten
200 g Champignons, halbiert
1 EL edelsüßer Paprika
1 EL Tomatenmark
2 TL Dijon-Senf
125 ml Weißwein
80 ml Hühnerbrühe
200 g saure Sahne
2 EL frische Petersilie, gehackt

1. Hackfleisch, Knoblauch und geriebene Zwiebel in einer Schale mit den Händen gut mischen. Die Mischung eßlöffelweise entnehmen und mit leicht bemehlten Händen zu Klößchen rollen. Mehl mit Salz und Pfeffer mischen, auf ein Stück Pergamentpapier geben und die Hackklößchen vorsichtig darin wenden, überschüssiges Mehl abschütteln.
2. Die Hälfte des Öls und der Butter in einer Pfanne erhitzen. Die Klößchen darin portionsweise bei mittlerer Hitze bräunen. Dabei häufig wenden und eventuell Öl nachgießen. Auf Küchenpapier abtropfen lassen.
3. Das restliche Öl und die restliche Butter in der Pfanne erhitzen. Zwiebelringe hineingeben und bei mittlerer Hitze 3–4 Minuten anbraten. Pilze und Paprika zugeben und 1–2 Minuten rühren. Tomatenmark, Senf, Wein und Brühe mischen und einrühren. Zum Kochen bringen, dann bei geringerer Temperatur 5 Minuten köcheln lassen. Saure Sahne einrühren. Die Fleischklößchen zurück in die Pfanne geben und unter Rühren gut erhitzen. Mit Salz und Pfeffer würzen und mit Petersilie bestreuen. Zu Nudeln servieren.

Nährwert pro Portion:
Eiweiß 33 g; Fett 35 g; Kohlenhydrate 6 g; Cholesterin 140 mg; 2125 kJ (510 kcal)

Hühnchenpizza (oben) und Hackklößchen Stroganoff

Thailändisches grünes Curry

Zubereitungszeit: 20 Min.
Garzeit: 35 Min.
Für 4 Personen

1 EL Öl
2 EL grüne Currypaste
1 Dose (400 ml) Kokoscreme
600 g Hähnchenfilet vom Schenkel, in mundgerechte Stücke geteilt
1 kleine Dose (230 g) Bambussprossen, abgetropft
1 EL Fischsauce (in Asia-Märkten erhältlich)
6 Limettenblätter
2 TL Rohrzucker oder brauner Zucker
1 Stiel Zitronengras, nur der weiße Teil
2 TL grüne Pfefferkörner, abgetropft
200 g grüne Bohnen, in Stückchen geschnitten
15 g thailändische Basilikumblätter

1. Öl im Wok oder in einer gußeisernen Pfanne erhitzen. Die Currypaste zugeben und kurz anbraten. Kokoscreme und 250 ml Wasser zugeben. Unter Rühren zum Kochen bringen und 10 Minuten bei starker Hitze kochen, bis sich Ölbläschen an der Oberfläche bilden.
2. Filet, Bambussprossen, Fischsauce, Limettenblätter und Zucker zugeben. Das Zitronengras mit der Rückseite eines Messers leicht eindrücken und zugeben. 10 Minuten unter gelegentlichem Rühren köcheln lassen. Pfefferkörner und Bohnen zugeben und 10 Minuten kochen, bis die Sauce dickflüssig geworden ist.
3. Limettenblätter und Zitronengras herausnehmen und Basilikum einrühren.

NÄHRWERT PRO PORTION:
Eiweiß 40 g; Fett 35 g; Kohlenhydrate 10 g; Cholesterin 75 mg; 2170 kJ (520 kcal)

Vietnamesischer Nudelsalat

Zubereitungszeit: 40 Min.
Garzeit: 10 Min.
Für 4 Personen

Dressing
170 ml Limettensaft
2 EL Reisessig oder Weißweinessig
5–6 EL Fischsauce (in Asia-Märkten erhältlich)
2 EL brauner Zucker
2 rote Zwiebeln, in Ringe geschnitten

200 g Glasnudeln
2 große Hähnchenbrustfilets
2 kleine Möhren, in Streifen geschält
2 Salatgurken, in Streifen geschält
15 g frische Korianderblätter
20 g frische Minzeblätter
8 Blätter vom Eisbergsalat, zerkleinert
50 g ungesalzene Erdnüsse, grobgehackt
gehackte Chilischoten, zum Garnieren

1. Für das Dressing alle Zutaten in eine Schüssel geben und mit einer Gabel vermischen. Abgedeckt beiseite stellen.
2. Nudeln in eine feuerfeste Schale geben und so viel kochendes Wasser darüber gießen, daß sie bedeckt sind. 5 Minuten einweichen lassen, mit kaltem Wasser spülen und abgießen. In kurze Fäden schneiden und zum Dressing geben.
3. Das Fleisch von Fett und Sehnen befreien, die Filetspitzen entfernen, und das Brustfleisch 10 Minuten gar kochen. Das Fleisch mit 2 Gabeln zerkleinern und zusammen mit dem Gemüse und den Kräutern unter das Dressing mischen.
4. Den Salat auf 4 Teller verteilen. Mit der Mischung füllen und Erdnüsse und Chilistückchen darüber streuen.

NÄHRWERT PRO PORTION:
Eiweiß 25 g; Fett 8 g; Kohlenhydrate 60 g; Cholesterin 40 mg; 1800 kJ (430 kcal)

Thailändisches grünes Curry (oben) und Vietnamesischer Nudelsalat

Geflügelsalat mit getrockneten Tomaten

Zubereitungszeit: 25 Min.
Marinierzeit: 20 Min.
Garzeit: 15 Min.
Für 4 Personen

4 Hähnchenbrustfilets
1 EL Olivenöl
2 TL Zitronensaft
1 Knoblauchzehe, zerdrückt
4 Scheiben Prosciutto
200 g gemischte Salatblätter
16 getrocknete Tomaten
50 g Pinienkerne, geröstet
15 g frische Basilikumblätter

Dressing
3 EL Olivenöl
1 EL Balsamico-Essig
1 TL Dijon-Senf
1 TL Honig

1. Das Fleisch von Fett und Sehnen befreien und 20 Minuten in eine Marinade aus dem Öl, Saft und Knoblauch legen. 10 Minuten grillen, dann in dünne, schräge Streifen schneiden. Den Prosciutto ohne Zugabe von Fett knusprig braten und in große Stücke teilen.
2. Für das Dressing alle Zutaten in ein Schraubglas geben und gut schütteln.
3. Die Salatblätter auf 4 Teller verteilen und Fleisch, Tomaten, Pinienkerne, Basilikum und Prosciutto darauf verteilen. Mit dem Dressing begießen.

NÄHRWERT PRO PORTION:
Eiweiß 30 g; Fett 30 g; Kohlenhydrate 3 g; Cholesterin 70 mg; 1740 kJ (415 kcal)

Hühnergratin

Zubereitungszeit: 20 Min.
Back- und Garzeit: 35 Min.
Für 4 Personen

50 g Butter
1 Zwiebel, gehackt
2 Knoblauchzehen, zerdrückt
2 Scheiben Schinken, kleingeschnitten
½ rote Paprikaschote, gewürfelt
1 Selleriestange, kleingeschnitten
30 g Mehl
600 ml Milch
300 g gekochtes oder gegrilltes Hähnchen, gehackt (s. Hinweis)
550 g kalter gekochter Reis oder Naturreis
125 g Cheddar, gerieben
50 g Parmesanspäne

1. Backofen auf 180 °C vorheizen. Eine große feuerfeste Form (ca. 2,5 l Fassungsvermögen) einfetten.
2. Butter in einem großen Topf erhitzen. Die Zwiebel, den Knoblauch und den Schinken 2–3 Minuten darin anbraten, aber nicht bräunen. Paprika und Sellerie zugeben und weitere 2–3 Minuten braten.
3. Mehl einrühren und 1 Minute anbraten, dann unter Rühren nach und nach die Milch zugeben, bis die Mischung dickflüssig und geschmeidig geworden ist. Weitere 2–3 Minuten köcheln lassen. Das Fleisch einrühren.
4. Den Reis in einer Schicht in die vorbereitete Form füllen. Die Hühnchenmischung darüber gießen, und die Oberfläche glattstreichen. Mit Cheddarkäse und Parmesan bestreuen.
5. 25 Minuten überbacken, bis das Gratin gebräunt ist und Bläschen schlägt. Sofort servieren.

NÄHRWERT PRO PORTION:
Eiweiß 50 g; Fett 35 g; Kohlenhydrate 60 g; Cholesterin 175 mg; 3170 kJ (757 kcal)

Hinweis: Für ca. 300 g Hähnchenfleisch braucht man ein halbes gekochtes oder gegrilltes Hähnchen.

Geflügelsalat mit getrockneten Tomaten (oben) und Hühnergratin

Leberpastete

Zubereitungszeit:
10 Min.
Kühlzeit:
1 Nacht
Garzeit:
15 Min.
Für 4–6 Personen

1 Zwiebel, feingehackt
100 g Butter, zerlassen
1 Knoblauchzehe, zerdrückt
1 EL frischer Thymian, gehackt
500 g Hühnerleber, gesäubert
2 TL grüne Pfefferkörner, abgetropft und grobgehackt
1 EL Weinbrand
6 EL geklärte Butter
grüne Pfefferkörner und frischer Thymian, zum Dekorieren

1. Zwiebel in 2 EL von der Butter weich dünsten. Knoblauch und Thymian zugeben und 1 Minute braten, dann die Leber in die Pfanne geben und 10 Minuten durchbraten. Die Leber muß dabei fest werden.
2. Die Mischung zusammen mit der restlichen Butter in der Küchenmaschine oder mit dem Mixer zu einer geschmeidigen Masse mischen. Würzen, Pfefferkörner und Weinbrand zugeben und noch einmal kurz mixen.
3. In 4 kleine Auflauf- oder Ragout-fin-Förmchen füllen und mit Klarsichtfolie abdecken. Dabei die Pastete herunterdrücken. Über Nacht in den Kühlschrank stellen.
4. Die Pastete mit der geklärten Butter bedecken und mit Pfefferkörnern und Thymian dekorieren.

Nährwert pro Portion:
Eiweiß 20 g; Fett 25 g; Kohlenhydrate 1,5 g; Cholesterin 65 mg; 840 kJ (200 kcal)

Hühnchen mit gemischtem Salat und Ziegenkäse

Zubereitungszeit:
20 Min.
Marinierzeit: 20 Min.
Garzeit: 10 Min.
Für 4 Personen

3 Hähnchenbrustfilets
1 EL Olivenöl
2 TL Zitronensaft
1 Kopfsalat, die äußeren Blätter entfernen
1 Endiviensalat, die äußeren Blätter entfernen
1 kleiner Römersalat, ohne die äußeren Blätter
75 g Eichblattsalatblätter, ohne Strünke
180 g kernlose helle Trauben
125 g Cocktailtomaten, halbiert
60 g Pekannüsse, gehackt
150 g fester Ziegenkäse, gewürfelt
1 EL frischer Schnittlauch, gehackt

Dressing mit Honig und Senf
3 EL Olivenöl
1 EL Zitronensaft
2 TL Senf
1 TL Honig

1. Das Fleisch von Fett und Sehnen befreien und mindestens 20 Minuten in eine Marinade aus dem Öl und dem Zitronensaft legen. Danach ca. 10 Minuten grillen und anschließend in 2 cm breite Würfel schneiden.
2. Für das Dressing alle Zutaten in ein Schraubglas geben und gut schütteln.
3. Salatblätter waschen, trockentupfen und grob zerkleinern. In eine Salatschüssel geben, Hähnchenwürfel, Trauben, Tomatenhälften, Pekannüsse und Ziegenkäse zugeben.
4. Das Dressing darüber gießen und vorsichtig mischen. Mit Schnittlauch bestreuen.

Nährwert pro Portion:
Eiweiß 35 g; Fett 40 g; Kohlenhydrate 10 g; Cholesterin 80 mg; 2295 kJ (550 kcal)

Leberpastete (oben) und Hühnchen mit gemischtem Salat und Ziegenkäse

Rouladen mit Paprika und Fetakäse

Zubereitungszeit:
25 Min.
Garzeit:
25 Min.
Für 6 Personen

6 Hähnchenbrustfilets
1 rote Paprikaschote
1 gelbe Paprikaschote
100 g Blattspinat
60 g Fetakäse
2 EL Öl

1. Das Filet von Fett und Sehnen befreien, mit Küchenpapier trockentupfen und jedes Filet in Frischhaltefolie einwickeln. Mit einem Fleischklopfer oder Nudelholz auf ca. 5 mm Breite flachklopfen.
2. Paprika in große Stücke schneiden, Kerne und das weiße Innere entfernen. Auf ein Backblech unter den vorgeheizten Grill legen, bis die Haut schwarz wird und Bläschen bekommt. In einen Gefrierbeutel geben und abkühlen lassen. Nach dem Abkühlen die Haut abziehen und das Fruchtfleisch in 4 cm breite Streifen schneiden.
3. Den Spinat von den Stengeln befreien und waschen. Tropfnaß in einen Topf geben und abgedeckt bei schwacher Hitze kochen, bis er etwas zusammengefallen ist. In einem Sieb abtropfen lassen und zusätzlich zwischen 2 gleich großen Tellern ausdrücken, damit alle Flüssigkeit ablaufen kann.
4. Hähnchenfilet mit der Haut nach unten auf die Arbeitsfläche legen, die Paprikastreifen gleichmäßig aufteilen und auf eine Seite kurz vor dem Ende des Fleisches legen. Den Spinat über die Paprika legen, dann den Fetakäse darüber streuen.
5. Jedes Filet von der belegten Seite her so aufrollen, daß die Füllung umhüllt wird. Die Roulade in gewissen Abständen mit Bindfaden zusammenbinden, damit sie beim Braten zusammenhält. Mit einem Faden die Rouladen auch längs zusammenbinden.
6. Öl in einer Pfanne erhitzen, die Rouladen hineingeben und bei mittlerer Hitze bräunen. Dabei häufig wenden. Den Faden entfernen und in 2 cm breite Scheiben schneiden. Mit gemischtem grünen Salat servieren.

Nährwert pro Portion:
Eiweiß 35 g; Fett 10 g; Kohlenhydrate 1,5 g; Cholesterin 80 mg; 1100 kJ (265 kcal)

Rouladen mit Paprika und Fetakäse

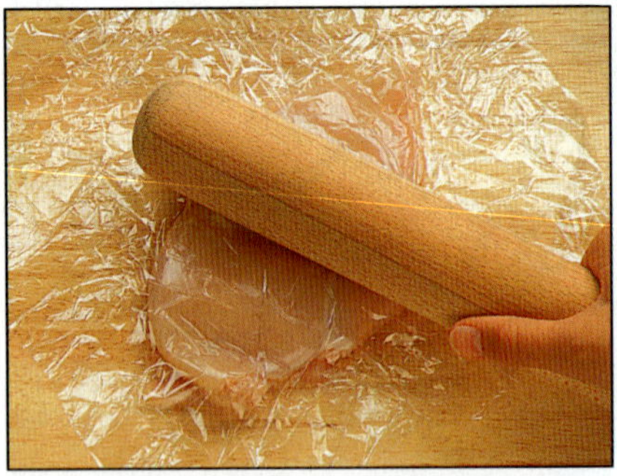

1 Das Fleisch in Folie wickeln und mit dem Fleischklopfer flachklopfen.

2 Paprika, Spinat und Fetakäse auf ein Ende des Brustfilets legen.

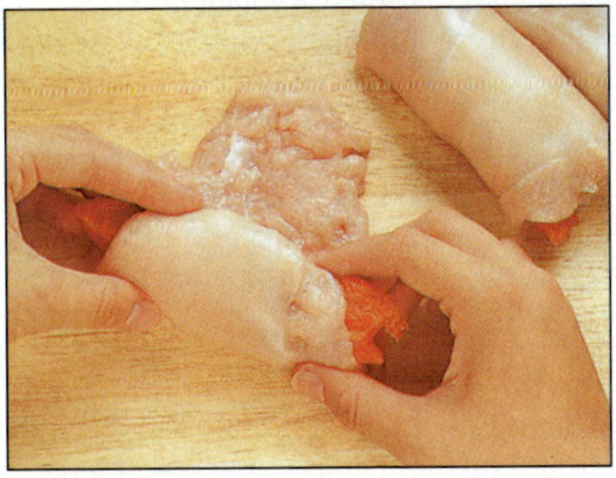

3 Das Filet von der Seite mit der Füllung her aufrollen.

4 Roulade mit Faden zusammenbinden, mit einem Faden auch längs zusammenbinden.

Nudelauflauf mit Hühnchen

Zubereitungszeit: 20 Min.
Back- und Garzeit: 45 Min.
Für 6 Personen

125 g Butter
2 Zwiebeln, feingehackt
350 g Champignons, in Scheiben geschnitten
2 rote Paprika, feingeschnitten
3 EL Mehl
etwas Salz und Pfeffer
250 ml Milch
125 ml Sahne
125 ml Hühnerbrühe
1 großes gekochtes oder gegrilltes Hähnchen
3 Chorizowürste, in Scheiben geschnitten
300 g Spaghetti
100 g geriebener Parmesan

1. Die Hälfte der Butter zerlassen. Zwiebeln, Pilze und Paprika anbraten.
2. Restliche Butter in einer anderen Pfanne zerlassen, das Mehl einrühren und mit Salz und Pfeffer würzen. Vom Herd nehmen und nach und nach die Milch, Sahne und Brühe einrühren. Unter Rühren zum Kochen bringen, bis die Sauce eindickt.
3. Backofen auf 180 °C vorheizen. Die Haut vom Huhn und die Knochen entfernen. Das Fleisch kleinschneiden. Mit der Wurst und dem Gemüse zur Sauce geben.
4. Die Nudeln bißfest kochen. Abgießen und mit dem Hühnchen und der Hälfte des Parmesan mischen. In eine Auflaufform geben und mit dem restlichen Käse bestreuen. Abgedeckt 25 Minuten überbacken.

NÄHRWERT PRO PORTION:
Eiweiß 60 g; Fett 60 g; Kohlenhydrate 50 g; Cholesterin 265 mg; 4625 kJ (1105 kcal)

Hähnchen nach Kiewer Art

Zubereitungszeit: 35 Min.
Kühlzeit: 2 Std.
Garzeit: 20 Min.
Für 6 Personen

125 g weiche Butter
1 Knoblauchzehe, zerdrückt
2 EL frische Petersilie, gehackt
2 TL Zitronensaft
2 TL geriebene Zitronenschale
6 Hähnchenbrustfilets, ohne Filetspitzen
60 g Mehl
400 g Paniermehl
2 Eier, verquirlt
60 ml Milch
Öl, zum Braten
Zitronenspalten, zum Servieren

1. Butter, Knoblauch, Petersilie, Zitronensaft und -schale mischen. Die Mischung auf Frischhaltefolie geben und ein 5 cm x 8 cm großes Rechteck daraus formen. In Folie einschlagen. Kalt stellen.
2. Das Fleisch von Fett und Sehnen befreien und in Frischhaltefolie eingewickelt mit einem Fleischklopfer auf 5 mm Breite klopfen.
3. Die Butter in 6 Stücke schneiden. Je ein Stück in die Mitte der Filets legen, die Enden hochklappen und das Fleisch zu einer Roulade aufrollen. Mit Zahnstochern befestigen und kalt stellen. Mehl und Paniermehl auf 2 Teller oder Backpapier geben. Eier und Milch mischen und in einen tiefen Teller geben.
4. Das Fleisch im Mehl wenden, in die Mischung aus Ei und Milch tauchen und im Paniermehl wenden. 1 Stunde kalt stellen, dann nochmals in der Eimasse und dem Paniermehl wenden. Eine gußeiserne Pfanne zur Hälfte mit Öl füllen und das Fleisch portionsweise darin 5 Minuten von beiden Seiten bräunen. Auf Küchenpapier abtropfen lassen, die Zahnstocher entfernen und mit den Zitronenspalten servieren.

NÄHRWERT PRO PORTION:
Eiweiß 40 g; Fett 30 g; Kohlenhydrate 50 g; Cholesterin 175 mg; 2620 kJ (625 kcal)

Nudelauflauf mit Hühnchen (oben) und Hähnchen nach Kiewer Art

Köfte mit Hühnchen und Kräutern

Zubereitungszeit: 20 Min.
Garzeit: 10 Min.
Für 4–6 Personen

500 g Hühnerfleisch, in der Küchenmaschine zerkleinert
1 Zwiebel, gerieben
15 g frische Petersilie, gehackt
1 EL gehackte Knoblauchzehen
1 EL frischer Thymian, gehackt
1 Ei, leicht verquirlt
40 g Paniermehl
Salz und Pfeffer, nach Geschmack
20 g Butter
1 EL Öl
8 Pitabrote, zum Servieren
Hummus (Kichererbsenmus), zum Servieren
Tabbouleh (arabischer Salat aus Tomaten, Gurken und Kräutern), zum Servieren
Chilisauce, nach Geschmack

1. Das Fleisch mit Zwiebel, Kräutern, Ei, Paniermehl und Salz und Pfeffer in einer großen Schüssel gut mit den Händen verkneten. In 8 gleiche Portionen aufteilen.
2. Die Portionen mit leicht bemehlten Händen zu dicken Rollen formen. Butter und Öl in einer Pfanne erhitzen, und die Fleischrollen bei mittlerer Hitze goldbraun braten, dabei häufig wenden.
3. Vor dem Servieren die Pitabrote mit Hummus bestreichen, etwas Tabbouleh und je eine Köfte darauf geben. Eventuell mit Chilisauce würzen, aufrollen und servieren.

NÄHRWERT PRO PORTION:
Eiweiß 35 g; Fett 15 g; Kohlenhydrate 25 g; Cholesterin 120 mg; 1575 kJ (375 kcal)

Geflügelsalat mit Papaya und Currydressing

Zubereitungszeit: 25 Min.
Marinierzeit: 20 Min.
Garzeit: 10 Min.
Für 4 Personen

4 kleine Hähnchenbrustfilets
1 EL Olivenöl
2 TL Sojasauce
1 Knoblauchzehe, zerdrückt
750 g Papaya, geschält, ohne Kerne und in 2 cm große Würfel geschnitten
1 rote Paprika, ohne Kerne und in feine Ringe geschnitten
1 gelbe Paprika, ohne Kerne und in feine Ringe geschnitten
1 kleine Fenchelknolle, feingeschnitten
50 g Macadamianüsse, geröstet und gehackt
20 g Minze, gehackt
Zitronenspalten, zum Servieren

Currydressing
185 g Mayonnaise
250 g Naturjoghurt
1 TL Sojasauce
½–1 TL Currypulver, nach Geschmack

1. Das Fleisch von Fett und Sehnen befreien und mindestens 20 Minuten in der Mischung aus Öl, Sojasauce und Knoblauch marinieren. Dann von beiden Seiten 3–4 Minuten grillen. In dünne schräge Streifen schneiden.
2. Für die Currysauce alle Zutaten in einer Schüssel mischen, mit Currypulver abschmecken.
3. Papaya und Gemüse in einer Schüssel mischen. Die Hälfte des Dressings einrühren. Den Salat zum Servieren in einer großen Form anrichten, das Fleisch und das restliche Dressing darüber geben. Mit Macadamianüssen und Minze bestreuen und mit Zitronenspalten garniert servieren.

NÄHRWERT PRO PORTION:
Eiweiß 35 g; Fett 20 g; Kohlenhydrate 15 g; Cholesterin 75 mg; 1550 kJ (370 kcal)

Köfte mit Hühnchen und Kräutern (oben) und Geflügelsalat mit Papaya und Currydressing

Goldgelbe Couscouspfanne

Zubereitungszeit:
30 Min.
Garzeit:
20 Min.
Für 4 Personen

50 g Butter
1 EL Öl
2 große Zwiebeln, in dünne Ringe geschnitten
2 TL gemahlener Kreuzkümmel
1 TL gemahlener Koriander
1 TL Paprika
½ TL Kurkuma
½ TL Zimt
300 g Hühnchenschenkelfilet, in feine Streifen geschnitten
500 ml Hühnerbrühe
370 g Couscous
50 g eingelegte Paprika, gehackt
3 EL Korinthen
1 Möhre, gerieben
2 EL geröstete Pinienkerne
Zitronenspalten, zum Servieren

1. Butter bei mittlerer Hitze in einer großen gußeisernen Pfanne schaumig werden lassen. Zwiebeln und Gewürze zugeben und 4 Minuten unter gelegentlichem Rühren braten. Mit der Schaumkelle aus der Pfanne nehmen.
2. Fleisch hineingeben und hellbraun braten. Zwiebeln und Brühe in die Pfanne geben.
3. Abgedeckt zum Kochen bringen. Couscous einstreuen und gut verrühren. Vom Herd nehmen und abgedeckt 3 Minuten ziehen lassen, bis die Flüssigkeit absorbiert ist.
4. Couscous mit einer Gabel auflockern, Paprika (mit Öl), Korinthen und Möhre einrühren. Nüsse darüber streuen und mit Zitronenspalten servieren.

NÄHRWERT PRO PORTION:
Eiweiß 25 g; Fett 25 g; Kohlenhydrate 55 g; Cholesterin 70 mg; 2245 kJ (535 kcal)

Estragonhuhn

Zubereitungszeit: 25 Min.
Garzeit: 1 Std.
Für 4 Personen

8 Hähnchenteile (ca. 1,2 kg)
20 g Butter
1 EL Öl
8 Knoblauchzehen, geschält
1 Zwiebel, in Spalten geschnitten
2 Scheiben Schinken, kleingeschnitten
250 ml Hühnerbrühe
4 EL Estragonessig
¼ TL getrockneter Estragon
1 EL Stärke
125 ml Sahne
5 g frische Estragonblätter
etwas Pfeffer

1. Das Fleisch von Fett befreien und mit Küchenpapier trockentupfen. Butter und Öl in einer großen gußeisernen Pfanne oder einer Kasserolle (4 l Fassungsvermögen) erhitzen. Das Fleisch darin 5–8 Minuten bräunen. Beiseite stellen.
2. Knoblauch, Zwiebel und Schinken in die Pfanne geben. 3 Minuten anbraten, nicht bräunen. Brühe, Essig und Estragon zugeben und langsam zum Kochen bringen.
3. Fleisch zugeben. Abgedeckt 40 Minuten köcheln lassen, dann das Fleisch herausnehmen. Stärke, Sahne und die Hälfte des Estragons mischen und hineingeben. Die Sauce zum Kochen bringen und rühren, bis sie dickflüssig geworden ist. Mit Pfeffer würzen. Das Fleisch in die Sauce geben und abgedeckt 10 Minuten köcheln lassen. Mit dem restlichen Estragon bestreut servieren.

NÄHRWERT PRO PORTION:
Eiweiß 40 g; Fett 25 g; Kohlenhydrate 5,5 g; Cholesterin 145 mg; 1820 kJ (435 kcal)

Goldgelbe Couscouspfanne (oben) und Estragonhuhn

1 Hähnchenbeine am Schenkelansatz abtrennen.

2 Keule entlang der Fettschicht vom Schenkel abschneiden.

Coq au vin

Zubereitungszeit: 40 Min.
Garzeit: 1 Stunde 20 Min.
Für 4 Personen

1 ganzes Hähnchen (1,6 kg)
30 g Butter
1 EL Öl
12 sauer eingelegte Zwiebeln
12 Champignons
3 Scheiben Schinkenspeck, ohne Rinde, kleingeschnitten
1 Möhre, in Scheiben geschnitten
1 Zwiebel, in Ringe geschnitten
2 EL Weinbrand
500 ml guter Rotwein
185 ml Hühnerbrühe
1 Bund Kräutermischung (s. Hinweis)
2 EL Mehl
2 EL Butter, zusätzlich

1. Um die Hähnchenbeine abzutrennen, am Schenkelansatz einschneiden und drehen, dann ganz abschneiden. Schenkel entlang der Fettschicht von den Keulen abschneiden. Hähnchen von beiden Seiten aufschneiden und das Rückgrat entfernen. Hähnchenbrust längs aufschneiden und jede Seite halbieren. Flügel abtrennen.
2. Die Hälfte der Butter und des Öls in einer Pfanne erhitzen und die Zwiebeln darin 5–8 Minuten bräunen; herausnehmen. Pilze und Schinkenspeck bräunen. Beiseite stellen.
3. Die restliche Butter und das restliche Öl in einer gußeisernen Pfanne erhitzen, die Möhre und die Zwiebel zugeben und bei starker Hitze bräunen. Beiseite stellen. Fleisch zugeben und 5 Minuten goldbraun braten. Die Pfanne vom Herd nehmen, den Weinbrand einrühren, dann Wein, Brühe, Kräuter und die Möhren-Zwiebel-Mischung zugeben. Zum Kochen bringen. Hitze reduzieren und abgedeckt 35–40 Minuten köcheln lassen. Fleisch herausnehmen, die Sauce durch ein Sieb geben und das Gemüse entfernen.
4. Mehl und Butter miteinander verrühren. Die Sauce in die Pfanne geben und die Mischung langsam einrühren. Fleisch, Zwiebeln, Pilze und Schinken zugeben und 5–10 Minuten erhitzen.

NÄHRWERT PRO PORTION:
Eiweiß 65 g; Fett 25 g; Kohlenhydrate15 g; Cholesterin 185 mg; 2770 kJ (660 kcal)

Hinweis: Für die Kräutermischung 2 Lorbeerblätter, 2 Thymianzweige, 2 Petersiliensträuße und 6 Pfefferkörner in eine halbierte Selleriestange geben. Mit der 2. Hälfte bedecken und fest zusammenbinden.

Coq au vin

3 Hähnchen längs am Brustknochen halbieren.

4 Das Huhn muß in 8 Teile geteilt sein. Die Flügelspitzen entfernen.

Omelett mit Hühnchen und Süßkartoffeln

Zubereitungszeit: 25 Min.
Back- und Garzeit: 50 Min.
Für 4 Personen

1 kleine rote Paprika, ohne Kerne, halbiert
30 g Butter
1 rote Zwiebel, gehackt
2 Knoblauchzehen, zerdrückt
350 g Süßkartoffeln, gewürfelt
130 g Blattspinat, gehackt
300 g gekochtes oder gebratenes Hühnerfleisch, in der Küchenmaschine zerkleinert
100 g Fetakäse, zerbröckelt
30 g Basilikum, gehackt
6 Eier, verquirlt

1. Paprika unter den vorgeheizten Grill legen und 8 Minuten grillen. Abkühlen lassen, pellen und das Fruchtfleisch kleinschneiden.
2. Butter in einer gußeisernen Pizza- oder Quicheform (22 cm Durchmesser am Boden, 25 cm am oberen Rand) erhitzen. Zwiebel und Knoblauch 2–3 Minuten dünsten. Süßkartoffeln zugeben und bei schwacher Hitze 10 Minuten garen. Dabei regelmäßig rühren.
3. Spinat, Fleisch, Feta, Paprika und Basilikum einrühren. Die Oberfläche ebnen und die Eier darüber gießen. Bei schwacher Hitze 15 Minuten braten, bis das Omelett fest wird.
4. Omelett unter den Grill stellen und 10–15 Minuten überbacken, bis es ganz fest ist. In Dreiecke schneiden.

Nährwert pro Portion:
Eiweiß 40 g; Fett 25 g; Kohlenhydrate 15 g; Cholesterin 375 mg; 1765 kJ (420 kcal)

Hühnernudelsuppe

Zubereitungszeit: 30 Min.
Garzeit: 2 Std. 15 Min.
Für 4 Personen

Brühe
1 Hähnchen (1,6 kg)
1 Zwiebel, geviertelt
2 Porreestangen, nur der grüne obere Teil, gehackt
2 Möhren, gehackt
2 Lorbeerblätter
1 kleines Bund Petersilie
6 Pfefferkörner
1 Prise Salz

½ Möhre, gewürfelt
½ Zwiebel, gewürfelt
½ Porreestange, nur der weiße Teil, gehackt
75 g Spaghetti, zerkleinert
15 grüne Bohnen, gehackt
70 g Erbsen
etwas frische Petersilie, gehackt

1. Die Zutaten für die Brühe in einen großen Topf mit 2,5 Liter Wasser geben. Zum Kochen bringen, Schaum mit einer Kelle von der Oberfläche abnehmen. Bei geringerer Hitze 2 Stunden köcheln lassen. Huhn herausnehmen und abkühlen lassen. Brühe abseihen und abmessen. Ergibt sie mehr als 1,5 Liter, in den gereinigten Topf zurückgeben und einkochen. Wird die Brühe nicht gleich verbraucht, abkühlen lassen und über Nacht kalt stellen (dadurch setzt sich das Fett ab und läßt sich besser entfernen). Fleisch von den Knochen lösen und würfeln.
2. Für die Suppe die Brühe in einem großen Topf zum Kochen bringen und mit Salz und Pfeffer würzen. Möhre, Zwiebel und Porree zugeben und 3 Minuten kochen. Nudeln zugeben und 4–5 Minuten kochen. Bohnen, Erbsen und Fleisch zugeben und weitere 3 Minuten kochen. Vor dem Servieren Petersilie einrühren.

Nährwert pro Portion:
Eiweiß 70 g; Fett 40 g; Kohlenhydrate 20 g; Cholesterin 210 mg; 2915 kJ (695 kcal)

Omelett mit Hühnchen und Süßkartoffeln (oben) und Hühnernudelsuppe

Hühnchen mit Äpfeln und Calvados

Zubereitungszeit: 30 Min.
Garzeit: 40 Min.
Für 4 Personen

20 Hähnchenfiletspitzen oder 4 Brustfilets
1 EL Olivenöl
1 Knoblauchzehe, zerdrückt
4 grüne Äpfel
50 g Butter
2 EL Zitronensaft
1 EL brauner Zucker
4 EL Calvados oder Weinbrand
80 ml Sahne
4 Scheiben Prosciutto
15 g frische Petersilie, gehackt

1. Das Fleisch von Fett und Sehnen befreien, in eine Schale geben und mit Öl und Knoblauch bestreichen.
2. Äpfel schälen, Kerne entfernen und in je 8 Spalten schneiden. Butter in einem Topf zerlassen, Äpfel, Saft und Zucker zugeben. 25–30 Minuten bei mittlerer Hitze karamelisieren lassen, dabei gelegentlich umrühren.
3. Alkohol zugeben und 30 Sekunden erhitzen. Dann mit einem Streichholz entzünden. Beim Flambieren nie den Alkohol direkt aus der Flasche zugießen. Wenn die Flamme kleiner wird, die Sahne einrühren.
4. Prosciutto in der Pfanne knusprig braten, dann in große Stücke teilen. Eine gußeiserne Pfanne erhitzen und das Fleisch darin von beiden Seiten bräunen und garen. Mit Petersilie bestreut zusammen mit den Äpfeln und dem Prosciutto servieren.

Nährwert pro Portion:
Eiweiß 35 g; Fett 30 g; Kohlenhydrate 25 g; Cholesterin 135 mg; 2165 kJ (520 kcal)

Hühnchenrisotto

Zubereitungszeit: 20 Min.
Garzeit: 40 Min.
Für 4 Personen

1,25–1,5 Liter Hühnerbrühe
4 EL Olivenöl
50 g Butter
2 Zwiebeln, feingehackt
400 g Langkornreis
4 EL frische Petersilie, gehackt
2 EL frischer Schnittlauch, gehackt
2 EL frisches Basilikum, gehackt
1 EL frischer Salbei, gehackt
175 g geriebener Parmesan
3 Hähnchenbrustfilets
Salz und Pfeffer, nach Geschmack
frischer Schnittlauch, zum Garnieren

1. Brühe in einem Topf zum Kochen bringen, teilweise abgedeckt köcheln lassen.
2. Die Hälfte des Öls und der Butter in einer gußeisernen Pfanne erhitzen. Zwiebeln darin 4 Minuten dünsten. Reis zugeben und 2 Minuten rühren, damit er mit dem Fett bedeckt ist.
3. Eine Kelle Brühe zugeben und rühren, bis der Reis die Flüssigkeit absorbiert hat. Diesen Vorgang mit der restlichen Brühe wiederholen. Nach etwa 20 Minuten ist der Reis sahnig und weich. Dann die Kräuter und die Hälfte des Käses einrühren und abdecken.
4. Das Fleisch von Fett und Sehnen befreien und in Stücke schneiden. Das restliche Öl und die übrige Butter in eine Pfanne geben und das Fleisch in 2 Portionen darin 5 Minuten goldbraun braten. Mit Salz und Pfeffer würzen.
5. Fleisch unter den Reis heben und mit Schnittlauch und Parmesan bestreuen.

Nährwert pro Portion:
Eiweiß 50 g; Fett 55 g; Kohlenhydrate 80 g; Cholesterin 130 mg; 4370 kJ (1045 kcal)

Hühnchen mit Äpfeln und Calvados (oben) und Hühnchenrisotto

Hähnchenburger

Zubereitungszeit: 40 Min.
Marinierzeit: 2 Std.
Garzeit: 20 Min.
Für 4 Personen

80 ml extra reines Olivenöl
2 Knoblauchzehen, zerdrückt
3 TL gehackter Oregano
3 TL gehackter Majoran
1 Zucchini, längs in dünne Streifen geschnitten
200 g Süßkartoffeln, längs in dünne Streifen geschnitten
1 rote Paprika, in lange breite Streifen geschnitten
500 g Hühnerfleisch, in der Küchenmaschine zerkleinert
2 EL Mangochutney
1 Zwiebel, feingehackt
40 g Paniermehl
Salz und Pfeffer, nach Geschmack
Fladenbrot, zum Servieren

1. Öl, die Hälfte des Knoblauchs, Oregano, Majoran, Zucchini, Süßkartoffeln und Paprika in einer flachen Form gut mischen. Abgedeckt 2 Stunden marinieren.
2. Fleisch, Mangochutney, Zwiebel, Paniermehl, den restlichen Knoblauch und Salz und Pfeffer in eine große Schüssel geben. Mit den Händen vermengen und in 4 Portionen aufteilen. Mit leicht geölten Händen flache Klopse formen, auf einen Teller legen und mit Frischhaltefolie bedeckt in den Kühlschrank stellen.
3. Das Gemüse in einer gußeisernen Pfanne braten, dabei mit dem Öl bestreichen. Beiseite stellen.
4. Die Fleischklopse in der Pfanne von beiden Seiten 5 Minuten braun und durch braten. Vor dem Servieren das Fladenbrot aufbacken und mit dem Fleisch und Gemüse füllen.

Nährwert pro Portion:
Eiweiß 30 g; Fett 25 g; Kohlenhydrate 20 g; Cholesterin 60 mg; 1730 kJ (415 kcal)

Geflügel-Lasagne

Zubereitungszeit: 30 Min.
Back- und Garzeit: 50 Min.
Für 4 Personen

1 Knoblauchzehe, zerdrückt
1 EL Öl
250 g Tiefkühlspinat, aufgetaut
Salz und Pfeffer, nach Geschmack
50 g Butter
50 g Mehl
500 ml Milch
125 g geriebener Cheddarkäse
300 g gekochtes oder gegrilltes Hühnerfleisch, gewürfelt
3 Lasagneblätter
60 g Cheddarkäse, gerieben, zusätzlich

1. Backofen auf 180 °C vorheizen. Knoblauch im Öl anbraten, dann Spinat zugeben und kochen, bis das Wasser verdunstet ist. Mit Salz und Pfeffer würzen und beiseite stellen.
2. Butter zerlassen, Mehl einrühren und 1 Minute kochen. Nach und nach die Milch einrühren, dann zum Kochen bringen und 2 Minuten kochen lassen. Käse einrühren, würzen und abkühlen lassen.
3. $\frac{1}{8}$ l der Käsesauce zum Spinat geben und ein Drittel der Spinatmischung in eine feuerfeste Form geben. Mit einem Lasagneblatt bedecken, darüber das zweite Drittel der Spinatmischung geben. Die Hälfte des Fleisches darauf verteilen und mit einem Lasagneblatt bedecken. Mit dem restlichen Spinat, Fleisch und Lasagne wiederholen. Mit der Käsesauce bedecken.
4. Mit dem zusätzlichen Käse bestreuen und 30–40 Minuten backen.

Nährwert pro Portion:
Eiweiß 40 g; Fett 40 g; Kohlenhydrate 15 g; Cholesterin 165 mg; 2435 kJ (582 kcal)

Hähnchenburger (oben) und Geflügel-Lasagne

Party-Snacks

Für alle diese Snackideen wird das Geflügelfleisch mariniert. So bleibt das Fleisch zart und saftig und erhält zusätzlich Geschmack. Das Fleisch frühzeitig (bis zu 1 Tag im voraus) marinieren, dann grillen oder backen.

Yakitori-Spieße

12 Schaschlikspieße in Wasser einweichen. Das Fleisch von 6 Hähnchenschenkelfilets fein würfeln. 24 Champignons putzen und 6 Frühlingszwiebeln in kurze Stücke schneiden. Fleisch, Pilze und Frühlingszwiebeln abwechselnd auf die Spieße aufziehen. 4 EL helle Sojasauce, 80 ml trockenen Sherry, 2 EL braunen Zucker und 1–2 zerdrückte Knoblauchzehen mischen. Über die Spieße gießen und mindestens 1 Stunde marinieren. Die Spieße 8–10 Minuten auf dem vorgeheizten Grill braten, dabei wenden und begießen. Mit Sojasauce servieren. Ergibt 12 Stück.

Nährwert pro Portion:
Eiweiß 11 g; Fett 2 g; Kohlenhydrate 2 g; Cholesterin 20 mg; 305 kJ (75 kcal)

Teriyaki-Spieße

12 Schaschlikspieße in Wasser einweichen. 500 g Hähnchenfiletspitzen längs halbieren. 2 EL Öl, 4 EL helle Sojasauce, 80 ml trockenen Sherry, 2 EL braunen Zucker, 1–2 Knoblauchzehen und 2 TL frischen geriebenen Ingwer in einer Schüssel mischen. Fleisch zugeben, nochmals gut mischen und abgedeckt 2 Stunden kalt stellen. 1 rote Paprika würfeln, und 4 Frühlingszwiebeln in kurze Stücke schneiden. Fleisch, Paprika und Frühlingszwiebeln abwechselnd auf die Spieße aufziehen. Mit Öl bestreichen und 6–8 Minuten auf dem vorgeheizten Grill braten, dabei wenden und gelegentlich mit Öl bestreichen. Ergibt 12 Stück.

Nährwert pro Portion:
Eiweiß 7,5 g; Fett 3 g; Kohlenhydrate 2 g; Cholesterin 15 mg; 300 kJ (70 kcal)

Satay-Spieße

16 Schaschlikspieße in Wasser einweichen. 500 g Hähnchenfiletspitzen längs halbieren. 1 EL Honig, 4 EL Sojasauce, 2 TL Sesamöl und je 1 TL gemahlener Koriander und Kurkuma sowie ½ TL Chilipulver in einer Schale mischen. Das Fleisch längs auf die Spieße aufziehen und in die Marinade legen. Abgedeckt mindestens 2 Stunden marinieren. Für die Erdnußsauce eine kleine feingehackte Zwiebel in 1 EL Öl braten, dann 125 g Erdnußbutter mit Stückchen, 1 EL Sojasauce, 125 ml Kokoscreme und 2 EL süße Chilisauce einrühren. Vorsichtig erhitzen. Die Spieße auf dem vorgeheizten Grill 5–7 Minuten braten, dabei wenden und gelegentlich mit der Marinade begießen. Mit der warmen Sauce servieren. Ergibt 16 Stück.

Nährwert pro Portion:
Eiweiß 10 g; Fett 9 g; Kohlenhydrate 3,5 g; Cholesterin 15 mg; 570 kJ (135 kcal)

Feurige Hähnchenflügel

1 TL Dijon-Senf, 1 zerdrückte Knoblauchzehe, 2 EL Hoisinsauce, 1 EL Worcestersauce, 2 EL Tomatensauce, 1 EL Zitronensaft und einige Tropfen Tabasco in einer großen Schüssel mischen. 12 Hähnchenflügel würzen und in die Schüssel geben, gut mischen und mit Frischhaltefolie abdecken. 2 Stunden oder über Nacht in den Kühlschrank stellen. Backofen auf 200 °C vorheizen. Die Flügel auf einem Gitterrost über einem Backblech verteilen. 30–40 Minuten backen. Die Flügel müssen gut gebräunt sein. Für 4 Personen.

Nährwert pro Portion:
Eiweiß 8 g; Fett 4,5 g; Kohlenhydrate 8 g; Cholesterin 25 mg; 430 kJ (105 kcal)

Von links nach rechts: Yakitori-Spieße; Teriyaki-Spieße; Satay-Spieße; Feurige Hähnchenflügel

Register